佐野剛平

JN177593

もう初対面でも会話に困らない!
口ベタのための「話し方」「聞き方」

講談社+α《プラスアルファ》新書

はじめに――今日からはじめる3つの基本

この本は「話しベタで苦労したアナウンサーが、話しベタの人たちに贈る本」です。プロをめざす方のための本ではありません。話すことに劣等感をもち、自分の話し方をなんとかしたいと思っている方々に読んでいただく本です。

今でも思い出します。学生時代のある会合で議題の賛否の理由を問われ、意見を述べようと立ち上がったところまではよかったのですが、頭が真っ白になりシドロモドロ。みんなの目がこちらに集中したとたん、カーッと熱くなり、何も言えないまま座ってしまいました。

そんな私がアナウンサーになり、失敗を繰り返すうち、当時頭が真っ白になった理由がわかってきました。

私は1965年に学習院大学経済学部を卒業しましたが、優秀な成績で卒業したのはワンダーフォーゲル部のほうで、山ばかり登っていました。そんな山男が放送というまったく未知の世界に迷い込んでしまったのです。当時のNHKは地域放送局拡充の時代で、何も知らない、何もできない、それこそ頭からっぽな私の初の赴任場所は、島根県の松江《まつえ》放送局でした。

物見遊山《ものみゆさん》を「ものみゆうざん」、他人事《ひとごと》を「たにんごと」、古文書《こもんじょ》を「こぶんしょ」、名刹《めいさつ》を「みょうり」、読経《どきょう》を「どっきょう」と誤読を繰り返し、私が出演するたびに苦情電話が殺到しました。

そこで誓ったことは「1回はいいが、同じ間違いをしないこと」です（何度かしましたが）。アナウンスもインタビューも指導してくれる先輩がいるわけでなく、自分でなんとかしなくてはなりませんでした。無知なうえに話しベタな山男が、放送という果てのない山を登ることになったわけです。

しかし、そんな話しベタの私だったからこそ、お伝えできることがあります。学校の授業では教えてくれない、社会に出ると誰もが苦労する「話すこと」「聞くこと」。この2つについて、自分が話しベタだと思っている人に知ってほしいことをこの本に詰めてみました。小難しい表現、文法や正しい言葉づかいの決まりごとよりも、「すぐに少しでも役立つ話し方と聞き方」について書いています。

もうひとつ、この本でぜひお伝えしたいことがあります。それは「テクニックよりはるかに大切なこと」があることです。

地域放送局のよいところはアナウンサーも番組制作に関われることで、そのため、私はさまざまな職業の人たちと話をする機会に恵まれました。そうしたなかで気づいたのは、「話し方は技術ではない、さまざまな体験をして失敗をいっぱいすること。後ろを振り返らないで前を向く生き方と他人への思いやりがあれば、それは言葉になって表れる」ということでした。

同様に「聞き方」も技術ではありません。

私はNHKを卒業する前にラジオセンター管理職に肩書が変わり、組織をまとめる立場になりました。職員の悩みや希望を聞き、適している仕事に専念してもらうために話し合うという仕事です。その経験が『ラジオ深夜便』のインタビューに役立ちました。

深夜から早朝にかけて放送される『ラジオ深夜便』はちょっと変わった番組です。普通はアナウンサーが「どうぞ最後まで聞いてください」と言うところ、「無理をせず、いつでもおやすみください」と語りかけます。私はこの番組で、早朝4時から流れる『明日へのことば』というインタビューコーナーを担当しました。

このコーナーで私は200人を超える人生の達人たちにお話を聞きました。毎回のインタビューで心がけていたのは、ひとりラジオに耳を傾ける人が聞きたい質問を、機をのがさずにすることでした。台本や事前打ち合わせなしの真剣勝負の40分。ゲストの話したいことや今だから言えることをうかがううちに、マイクのあることも忘れ、夢中で話しはじめる瞬間が訪れます。そのときのゲストの口調・表情・嬉しそうな目は、聞き手への最高のプレゼントです。

自分の思いを誰かに話したくても、それがきちんと伝わるように話すことができる人はそれほど多くありません。だからこそ、自分の思いを聞き出してくれる人は喜ばれます。そして話しベタの人でも、「聞き上手」になれば人づきあいが楽しくなり、「あの人とまた話したい」と思われます。話し上手の人より聞き上手の人は少ないので、貴重な存在なのです。

では、人はなぜ話がうまくなりたいと思うのでしょうか。「人前で恥をかきたくないから」と多くの人が答えるに違いありません。しかし、それだけではないと私は考えています。

話し上手、聞き上手をめざすのは、それによってもっと楽しい人生が待っているからです。話し上手になることであなた自身が変わり、周りの目も変わり、あなたの生き方までも変わります。人生は楽しくなければいけない。日々を楽しむためにも「あなたの話し方・聞き方」にちょっとだけ工夫をしてみませんか。それによって、もっともっと楽しい人生が待っています。

ここに書かれたことが「今日より明日への道標」になってほしいと願っています。その幸せの道標に向けて、本編では具体的に述べていきますが、まずここで「幸せになる3つのプレゼント」を用意しました。誰にでもできることですから、ぜひ試してみてください。

①ラの音から話しはじめよう

人は誰でも興奮すると、ふだんの声より高いトーンになります。ふだんのあなたの話しはじめの音は、ド・レ・ミくらいです。人によってはもっと低いかもしれません。低音は魅力的ですが、会話をする場合は聞き取りにくく迷惑になります。

明日から会話でも報告でもスピーチでも、いつもより少し高い声で話しはじめてみてください。音階で言うと「♪ソ」あるいは「♪ラ」です。「ソ」「ラ」といっても個人差や男女の差がありますので、「いつもより高めの音」を意識してください。きっと多くの人から「明るくなったね」と言われるはずです。明日がダメなら明後日からでも、そう言われるまで続けてください。そうすれば幸せは目の前です。

逆に高すぎる声も、聞いていて疲れてしまいます。その場合は「♪ラ」を超えないように意識して話しはじめてください。

②ひとりに話しかけよう

明日の会議で、大勢の前で報告することになっているとします。その会議の席には部長をはじめ、顔も見たくない同僚も出席しています。当然、緊張することでしょう。報告内容は事前に書類にまとめられ、パソコンに整理されているので安心です。ところが、いざ立ち上がって話しはじめると足が震えて止まりません。そんなときはみんなに報告するのではなく、ひとりの人にだけ、できればうなずいてくれる人に話しかけてください。大勢を意識して話そうとすると、頭が真っ白になり、噛んだり、とちったりと必ず失敗します。

そして、ときどき他の人を見渡し（嫌いな人は無視しましょう）、なるべく優しい人に向かって話すようにしましょう。できれば笑顔で、幸せそうに。

③相手が話したいことを先回りするゲームと考えよう

人の話を聞くことは、なかなかしんどいことです。それがつまらない自慢話だったら、なおのこと。でも、自分が変わるためには少々の忍耐も必要です。ならば、楽しく修行するための「ゲーム」に変えてしまってはいかがでしょう。

①いつもより高めの音
から話しはじめよう

②ひとりに
話しかけよう

③先回りする
ゲームと考えよう

それは、相手の話を聞きながら、次にその人が話そうとしていることを推理し、先回りして質問してみるというものです。

このゲームによって、話し相手の性格や考え方がおぼろげながらわかるようになり、何を聞くと話し手が喜んでくれるか、自慢したいのか、聞き手が主導権を握ることができます。上手な質問が続くと、話し手はよい気分になります。自分の幸せを願うなら、まず他人を幸せにすることが大切でしょう。それはいつか自分に返ってくるからで、そうなったとき「人生、けっこう捨てたもんじゃない」と思えるはずです。

以上の3つの基本は今日からやってみてください。最初はうまくいかなくても、続けているうちに、あるときフッとできるようになります。その分、あなた自身が幸せに近づいたことになります。

山男の私がアナウンサーらしくなるまでには長い年月がかかりました。古希をすぎた今でも私は、好きな山歩きをしながら、司会やインタビュー、話し方教室の講師などに挑戦して、相変わらず失敗を繰り返し、落ち込んでは這《は》い上がっている発展途上人（?）です。

言葉のやりとりによって周りの人たちを少しでも幸せにできたら、と願う口ベタアナウンサーが書いた「話し方・聞き方講座」、このあともよろしければおつきあいください。

◉目次

第二章　準備なくして「いい話」なし　47

第三章　話の順番をどうするか　66

【第二部　聞き方編】

第七章　聞き上手は話し上手　143

【第一部　話し方編】

第一章　話し方は技術ではありません

あなたの「話しグセ」は?

家族、友達、同僚、上司、お客さん、趣味仲間など、みなさんの周囲の人たちの話し方を思い浮かべてみてください。どんな人にも個性があるように、人それぞれに「話しグセ」があることに気づくと思います。

ですから、もちろんあなたにも話しグセがあります。問題は、その話しグセが他人にどう思われているかです。

困ったことに自分のクセは誰かに指摘されないと気がつきません。顔は鏡を見ればチェックできますが、背中の垢は自分ではわからない。それと似ています。でも、話しグセは他人から指摘されると、いい気はしませんし、かといって、こちらから聞くのも、なんだかヘンです。

そこで、どうしたらいいか。

以下に挙げたのは、一般によくみられる、聞き手にとって難のある話しグセです。あなたに当てはまるものはないでしょうか。もし当てはまるものがあれば、すみやかに「垢落とし」をすることをおすすめします。

①小さく、か細い声

いつも下を向いてボソボソとした声で話す人、いますよね。こういう人は「自分に自信がありません」と周囲にアピールしています。控えめな恥ずかしがり屋さんは、他人に迷惑をかけないタイプと思われがちですが、これは間違い。小さなボソボソ声は、聞く側にとっては聞き取りにくく、不親切でしかありません。

かといって、必ずしも大きな声が聞き取りやすいとは限りませんし、大きな声はいい声とはいえません。本人だけがいい声と思い込んでいますが、どう他人に聞こえるのか神経を使わないと不快感を与えることがあります。人に聞き取りやすくするうえで大切なのは「しっかりした声」「気持ちを入れた声」で伝えることです。

そこで、しっかりした声を出すために必要なことを2つだけ挙げます。

ひとつは、話すときに相手の顔（とくに目）を見て、のど声でなく「体からの声」を出すようにすることです（この具体的な方法については後述します）。

もうひとつは「自分の生き方に自信をもつ」こと。生き方に自信をもっている人で弱々しい話し方をする人はいません。話し方や声に表れているものです。「生き方に自信をもて」と、いきなり言われても戸惑う人も多いと思いますが、日ごろから、なにかにつけ自分で決断する習慣を身につけることも、生き方に自信をもつ大切な要素だと思います。

つけ加えておきますと、小さな声もけっして悪いことばかりではありません。小さな声は、聞く人の耳をそばだてさせるのに効果があり、そういう意味で人をひきつける力を秘めていますが、日常では相手には迷惑千万です。

②早口

統計はないと思いますが、一般に早口の人は頭の回転が早いといわれます。でも、せっかくその優れた頭脳から生まれる考えも早口のためにちゃんと伝わらないとしたら、もったいない。

こういう人は、幼子に話しかけるようにゆっくりと話すように意識する必要があります。早口の人は次から次へと話したいことが湧き出てくると思いますが、子どもに言ってきかせるように相手が理解したかを確かめて話すと、聞きやすくなるばかりか、説得力が倍増します。そして、話が一段落したところで「早口だったかな」と振り返る習慣を身につけてください。話し相手が、そのひと息ついたところで話しはじめたら、そこは譲ってあげることです。

この早口タイプはえてして他人の話を聞くのが苦手で、とくにゆっくり話されるとイライラし、ついつい話を奪ってしまいがちですが、そこはガマンです。

③「え〜・あの〜・その〜」

これは多くの人がもつ難病です。

かしこまった席で話をしなければならないとき、何を話すか考えがまとまらず、どうしたものか頭をめぐらすと、つい口から出てしまう「え〜・あの〜・その〜」。

1分間に2〜3回ならば問題はありませんが、5〜6回となると、聞いているほうはその回数を数えはじめることでしょう。そうなると、頭に入るのは話の内容でなく、「え〜・あの〜」を何回言ったかになってしまいます。

むかし総理大臣だった大平正芳《おおひらまさよし》さんは、話すときに「あ〜う〜」をやたら繰り返すのが特徴で、そのために「あ〜う〜宰相」などと呼ばれていました。歴代総理大臣のなかでは朴直で誠実なイメージがありますが、残念なことに「あ〜う〜」のせいか、どんな政治理念を語っていたのか、ほとんど記憶に残っていません。

では、「え〜・あの〜」を減らすにはどうしたらいいでしょうか。

じつはこれには特効薬はありません。「今回は少しでも減らそう」と決意してその場に臨むしかありません。頭が真っ白にならないようにするためには、事前に「話の内容、順番、結論」をメモしておくことです。誤解のないように強調しておきますが、用意するのは原稿ではなく「メモ」。用意した原稿を読むと「え〜・あの〜・その〜」は、確かになくなりますが、自分が話している実感はなく、聞くほうもしらけてしまいます。

ですから、箇条書きのメモを震える手に持って一生懸命に話してください。終わって落ち着いたら、気のおけない友人に聞いてみてください。「何回出た?」

「え〜・あの〜・その〜」は絶対に言わないぞ、と心がけるしかないのです。

④「。」がない

話しはじめると途切れずに延々と続けてしまう人がいます。「まだ続くの?」と聞いている人の顔にありありと書いてあるのに、なかなか終わりません。こういう人のしゃべり方には、じつは共通点があるのをご存じでしょうか。「〜ですが」「〜けれども」「〜でして」といったフレーズが多用され、文章でいう句点「。」がないのです。

この場合、話している当人の満足度は高いのですが、聞かされる側は大迷惑。他人の立場に立てない自己中心的人間にありがちなパターンですが、困ったことに、こういう人は自分の話し方に難があるとは思っていません。それどころか、自分は話がうまいとさえ思っています。ですから、このクセ（というか「病」ですね）に身に覚えのある人は、「もしかして自分の話は迷惑になっていないだろうか」と謙虚になる習慣をつけることをおすすめします。

幸いというべきか、この本を手にとってくれた読者は、自分は話しベタであると思っている人たちですから、「切れない病」とは無縁でしょう。自分の話し方に自信のない人やコンプレックスをもっている人は大丈夫です。自分の話し方に難があると自覚していれば改善できるからで、本書はそういう人たちを念頭に置いて進めていきましょう。

たった2つの意識で見違えるほどに

「上手に話す技術を身につけたい」とこの本を手にされた方には、最初に申し上げたいことがあります。それは、**話すうえで大切なのは技術ではない**ということです。

何が大切かというと、まず**「声」**です。先ほど「垢落とし」のところで、しっかりした声で話すことが大切だと述べました。もっとも大切なのはこれです。あなたの発する声が相手に聞こえないことには、それこそ話にならないからです。

では、しっかりした、聞きやすい声を出すにはどうしたらいいか。ここでぜひ覚えていただきたいのが**「腹式呼吸」**と**「滑舌《かつぜつ》練習」**です。じつは、これこそが話し方の基本中の基本にあたります。

この2つの基礎がちょっとできただけでも、「あなた、ずいぶん変わったね」と周りからびっくりされるはずです。だまされたと思って、以下のトレーニングを繰り返しやってみてください。

①腹式呼吸の効用とそのやり方

お腹に空気をいっぱい入れると、なぜかしら体の真ん中に心棒が立った感じになり、長く張りのある声が口から出るようになります。舞台俳優や歌い手さんもお腹から声を出すようにしないと、お客さんに表現が伝わりません。

話し声も同じで、体内に空気の余裕があると、間《ま》をうまく使ったり、話しながら強弱をつけたり、小さい声でも相手に届くようコントロールができるようになります。それをせずにふだん通りの肺の空気だけでは、2〜3メートル離れた人に声をかけても、弱々しい薄っぺらな声しか相手に届きません。緊急時に「助けて！」「火事だ！」と叫びますが、こういうときは無意識のうちに体内中の空気をフル活用しているはずです。

では、いちど腹式呼吸をしてみましょうか。そう、体中いっぱいに空気を入れるつもりで――。

1.まずお腹や肺にある空気を全部吐き出して、思いきり鼻と口からお腹と肺に空気を吸い込む

2.お腹が空気でいっぱいになったら、息を止めてあごを引き、少しだけ顔を上にあげる感じで「アー」と前に声を出す

3.このとき、できれば5メートルくらい離れた人に声を向け、ぶれない「アー」の声を出すようにする

4.一定の声で20秒間続けば合格です（プロになれるかも……）

5.慣れてきたら「アー」の途中で息切れする前に、瞬時に息をお腹に吸い込んで続けるようにする

以上が腹式呼吸のやり方ですが、「アー」と言うかわりに文章を声に出して長く読む方法もおすすめです。この場合も一瞬で息を継ぎながら読み続けるように練習してください。

①思いきりお腹と肺に
空気を吸い込む

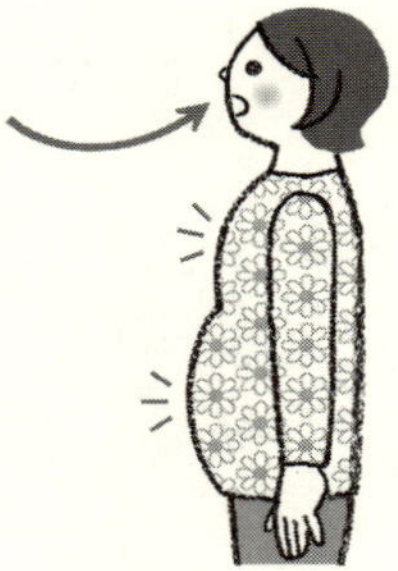

②息を止めてあごを引き、少しだけ
顔を上にあげる感じで「アー」と前に声を出す

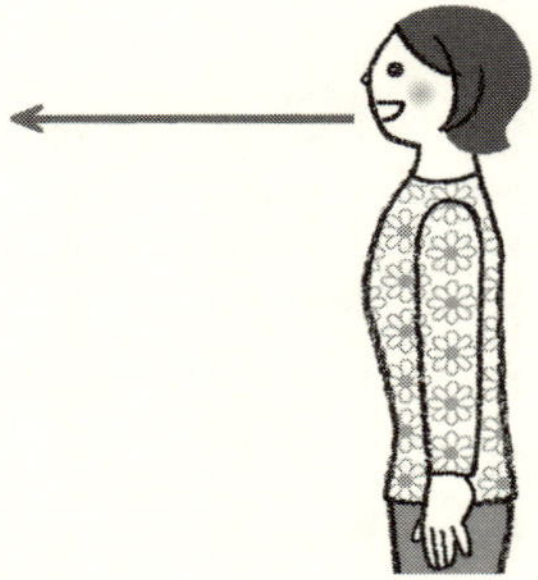

②言葉をしっかり伝える滑舌（滑らか発音）練習法

目を閉じてテレビの音声だけを聞いていると、意外に聞き取りにくいことがわかります。言葉が不明瞭のうえ、早口で話されると意味も不明です。有名なタレントさんでもそういう人は少なくありません。それでも私たちがテレビを見ながら情報を得たり笑ったりしているのは、画面下に出る字幕に助けられているからです。

つまり、人間の話し声は、そのくらい不明瞭だということです。テレビに出演している人ですらそうなのですから、一般の人はなおのことです。

観察していると、やはり口の開きが小さい人のほうが言葉が不明瞭になる傾向がありますが、こういう人には次の発声を繰り返す代表的な滑舌練習法をおすすめします。

あえいうえおあお　かけきくけこかこ　させしすせそさそ　たてちつてとたと
なねにぬねのなの　はへひふへほはほ　まめみむめもまも　やえいゆえよやよ
られりるれろらろ　わうぇうぃううぇうぉわうぉ
がげぎぐげごがご　ざぜじずぜぞざぞ　だでぢづでどだど

これを大きな紙に書いて壁に張りつけ、それを見ながら朝晩10回ずつ張りのある声で発声する、というのが理想です。でも、それではきっと長続きしませんから、こうしてください。

母音のア行は口を最後までしっかり開いて、とくに「イ」「エ」は口を横に伸ばすように意識。多忙な方は「あえいうえおあお」だけでもいいので、しっかり口を開けて5回、声を前に出すようにして続ける。これだけでも効果があります。

サ行は「シ」が「シィ」にならないよう、ナ行の「ニ」は口を横に引っ張る感じで、ラ行は巻き舌（舌が口中で動く）にならないよう注意しながら練習してください。

この発音練習とともに、話をする前に「しっかり口を開けること」を自分に言いきかせるのがもっと大切です。

声は前に出さないと届きません

ボールは前に投げないと届かないのと同じで、声も前に向けて出さないと、相手に届きません。そこで「声を前へ出す」という当たり前のことを意識しましょう。

どんなにおもしろい内容や情報を準備しても、声が届かなければ何の価値もありません。口の中だけでモゴモゴ話す人や下を向いて話す人は、とくに要注意です。

話をすることは、相手に「声と思いを届けること」です。口モゴや下向きの人はちょっとだけ勇気が必要です。こういう人には、話をすることが苦手なのではなく、自分を変えるために一歩踏み出すことができない人が多いのです。2〜3メートル先にいる人を想像して実際に声を出してください。

「前を向いて思いを伝える」。これだけで最初の一歩はOKです。

ところで、もうひとつ弱々しい声の人や発声練習でも声の小さい人にぜひやっていただきたいことがあります。それは冗談みたいに思われるかもしれませんが、「ワンワンワンワン」と吠えるイヌの鳴き真似です。

最初はふだんの声の出し方でやってみてください。ワンワンワンワン……。次に腹式呼吸の要領でお腹に空気をいっぱい吸い込んでから、もう一度やってみましょう。

同じ「ワンワン」でも、まるで違うはずです。お腹から吐き出された「ワンワン」は力強く遠くまで届きます。自分の体から出る声が想像以上に力強いことが実感できるはずです。

本物のイヌ、とくに大型犬が吠えるときを思い浮かべてください。「ウォン、ウォン」と体の中から息を勢いよく吐き出すようにして吠えています。あのように吠えるから遠くまで聞こえるわけで、威嚇《いかく》したり怒鳴ったりする声の感情表現はイヌもヒトも同じです。

赤ちゃんのもつ最大の武器

さて、ここまで読まれた方のなかには、腹式呼吸の練習をしたりイヌの吠え方を真似したりと「声の出し方」ばかりで、いつになったら肝心の「話し方」の話になるのかと思う方もいることでしょう。しかし、話し方で大切なのは技術ではありませんから、もう少し、このままおつきあいください。

声の次に大切なもの。それは**「笑顔」**です。あどけない赤ちゃんの笑顔にまさる表情はありません。笑顔に接すると自然に顔がほころびますが、笑顔というのはそういう力をもっています。人の気持ちをなごませようとして、いくら言葉を駆使したところで、赤ちゃんの笑顔にはかないません。笑顔こそ最大の武器なのです。

人とのつきあいにおいても、まず笑顔が大事であることはみなさんもよくご存じでしょう。

サービス業では新入社員研修で笑顔の練習を行いますが、これは笑顔が接客の基本だからです。その笑顔もたんに職業的な作り笑顔と本当に気持ちのこもった笑顔では、相手に伝わるものがまったく違います。

「初めてお目にかかります」の挨拶でも「こんな私にお会いいただき、ありがとうございます」と思ってするのと、「お話は何ですか、時間があまりないので手短に」と思っているのでは全然違った響きになるはずです。両者の違いはその後の人間関係にも影響を与えるでしょう。

しゃべりがイマイチでも、しどろもどろになっても、笑顔で話すことができれば大丈夫。その場にいる人たちは、好意的にあなたを受け入れてくれるでしょう。なんといっても、百の言葉より、ひとつの笑顔のほうが人の心をつかむのですから。

笑顔は一日にしてならず

だから「人前で話をするときは笑顔を忘れずに」と言うのは簡単ですが、実際にやってみると、そうたやすいことではないのです。足が震え、額に汗がにじみ出て、声がうわずるなかで、笑顔などそうそうできるものではありません。

ちなみに、アナウンサーになった私がテレビカメラに向かって笑顔で話せるようになるまでには、かなりの時間がかかりました。

ニュースを読む場合、多くのテレビ番組では冒頭カメラに向かって挨拶をします。ところが本番がはじまると、駆け出しの私は頭の中がパニック状態になり、ゲストの名前を間違わないで言えるだろうかなどの不安が襲ってきて、とても笑顔を作る余裕はありませんでした。テレビカメラに向かって、どうにかぎこちないながらも笑顔で話せるようになるのに3年、自然な笑顔で話せるようになるまでに10年かかりました。

　笑顔で話せるようになったのは、テレビを見ているたったひとりの人に話しかけるつもりでしゃべればいいと気づいたからです。そのひとりの人というのは、下宿先のおばさんでした。「いつも面倒をみていただき感謝しています。今朝はこんな話題がありますよ、ご覧ください」という感じで語りかけるようにしたわけです。

　そう思いつくのに3年もかかってしまった才能のなさも実感しましたが、それからは初対面の人にも笑顔でお会いするようになりました。すると先方も警戒を解いて話が弾みます。もっと早くそれに気づいていれば『NHK紅白歌合戦』の司会もめぐってきたかもしれない……というのは悪い冗談ですが、笑顔が幸せを呼ぶのは本当です。

　今、私は人前でお話しする機会も増え、気づいたことがあります。どうやら、気持ちが幸せなら笑顔は声で伝わるようです。何も隠すものもない、聞いていただけるだけでありがたいと思ってお話しするのですが、楽しい話を伝えるとき、自分で意識しなくても笑顔が浮かんでいるのでしょう。聞いていただいている人たちの顔も自然にほころんでいるのがわかります。

　そうなると会場の空気が明るくなり、ひとりが笑うと拡散し、笑いが飛び散るように広がって、一気に雰囲気が変わります。

「緊張」という大敵

ですから、話をするときに笑顔はとても大切なのですが、この笑顔作りを阻むのが緊張です。声がうわずり、手や膝が震え、頭の中が真っ白になるのも、すべてこいつのせい。緊張さえしなければ、人前で話すのに苦労はしないといってもいいでしょう。話しベタにとって緊張は手強《てごわ》い天敵です。

そこで、この緊張をどうほぐしたらいいかについて考えてみましょう。

「キミはどう思う？」

と大勢の会議の席で突然上司から振られたらイヤですよね。

でもこういうとき、待ってましたとばかりに理路整然と自分の意見を述べる人がいます。そういう同僚を見て、あなたは劣等感がこみあげてくることでしょう。

滔々《とうとう》と自分の意見を述べる同僚の横で、次は自分に振られたらどうしようと思うと、ますます緊張していきます。すっかり固まって席に小さく座り、下を向いて……。

どうか夢であってほしいと念じても現実は苛酷です。「おい、キミはどうだね」と恐れていた上司の声が自分に向けられます。

ここにいたって緊張はピークに達することになります。

では、あがらないためにはどうしたらいいか。その回答を導き出すのは容易ではありません。持って生まれた性格は、そう簡単に変えられるものではないからです。

ただ、ここでひとつ確かなことをお伝えしたいと思います。それは、人前で発言するとき緊張することなく、自信満々に話すことができる人は、私に言わせれば「異常」だということです。

頭がよすぎて、そこに居並ぶ人たちが本当のカボチャに見える人か、生来他人のことなど「屁」とも思っていない人。そうでなければ将来代議士になるために訓練中の人でしょう。いずれにしても、どこにでもいる普通の人とは少し違っています。

つまり、あがる人は「正常人」なのです。

私自身は自分のことを正常な人間であると自負していますが、それゆえにアナウンサーになってから、自分の「あがり症」にさんざん苦労してきました。

アナウンサー時代に私がいちばんあがったのは、入局1年目に『声くらべ腕くらべ子供音楽会』という録音番組の司会を初めて担当したときでした。その日、私は会場の小学校体育館に颯爽《さっそう》と出向きました。相手は小学生ですから、気持ちに余裕がありました。

出演人数が多いため、学年と名前を記した手書きの紙を前夜用意し、約束事はただひとつ

「鐘を3つ鳴らした子どものフルネームを聞くこと」でした。ところが本番がはじまってすぐに、ステージの左隅に立っていた私の足が震え出し、手に持った名簿が揺れて、声はうわずり、頭は休止。こうなると、名前を聞くことはすっとんで、「早く終わってくれ」と祈るだけ。結局、醜態をこれでもかというくらい晒《さら》してしまい、あとで担当ディレクターから大目玉を食らいました。

私も堂々の正常人だったわけですが、こういう人にとって重要なのは、「あいつ、あがっちゃって今回はメタメタだったけど、最後までがんばったじゃない」と認めてもらうことです。緊張のあまり失敗したこと自体は気にすることはありません。実際、それについて咎《とが》められることはありませんでした。

それは当然といえば当然なのです。なぜなら、先輩も上司もほとんどは正常人で、それゆえにかつて新人時代、私と同じように恥をかいているのですから。

「あがっています」と言ってしまおう

緊張の話をもう少し続けましょう。

人前でドキドキしながら発言をし、あとで「ああ、話したいことの半分も言えなかった」と悔やむ人は多いと思います。緊張という悪魔は、私たちの心身を萎縮させてしまいます。

しかし、その悪魔の本体はえてして自分自身のなかにあります。人前に立つとき、話し手の心の奥底にあるのは何でしょうか。「格好よくみせよう」「あの人には負けたくない」「失敗しないように話さなければ」「課長なんだから」「期待に応えなきゃ」「主婦だから無理よ」「私より年上ばかりだし」……。こういう思いが渦巻いているはずです。

自分のなかにあるちっぽけな肩書やプライド、あるいは自信のなさが、空気の取り込みの邪魔をし、呼吸ができず酸素不足となり、足を震えさせ、血が上って頭を真っ白にさせるのです。

どうすれば緊張を回避できるかは頭ではわかっています。落ちついて事前に準備したことを話せばよい。しかし、この当たり前のことができないから正常人なのです。それをいともたやすくできる人は、正常人からみれば特異な人か人間とは思えない人なのです。

ですから、緊張のあまり頭の中が真っ白になったときの対処法は、**「すみません、あがって頭が真っ白になっています」と笑顔で謝ってしまうこと**です。

それだけで気持ちが少し楽になりますし、そのひと言で場の空気もやわらぎます。そして「自分はヘタで当然」と思い直し、大勢の前ではいつもよりちょっとだけ丁寧な言葉づかいで、いつもの自分を取り戻して話しはじめると案外うまくいくものです。

ただし、そうやって話しはじめても、聞く人の顔が強張《こわば》っていたり、笑顔になってくれないときがあります。こうなると、話し手に不安と再度の緊張が走り、冷たい汗が出てきます。これはプロのアナウンサーでも同じです。

そういうときに役立つのが、ひと様のあまり知らない、めずらしい「趣味話・体験談」です。これをもっていると、とりあえず聞く人の注意を引き寄せられます（体験談の話し方は後述します）。そこからスムーズに本題に入るのは簡単ではありませんが、プロの話し手ではないのですから、ぎこちなくても気にすることなし。聞く人の顔がほぐれてくればいいのです。

少し乱暴な言い方になりますが、その場のぎこちない空気が解消できれば、あとはどうにかなると思ってください。もちろんうまくいくとはかぎりませんが、3回くらい失敗を経験するうちに、なんとなくうまくできるようになるものです。

7割が満足すれば大成功

人前で話をするとき、もうひとつ大切なのは「**100点をめざさない**」ことです。100点、つまりその場にいる全員を満足させるような話は、プロでも至難の業ですし、そんなものを目標にしても仕方がありません。

めざすべきは70点で、7割の人が「よかった」と思ってくれれば大成功です。本当は50点でもいいのですが、それでは向上心にやや欠けますので、まあ、70点をめざしましょうということです。だいたい、職場でも学校でも周囲の全員に好かれる人はまずいません。7割の人から好感をもたれたら、充分に人望があるといえます。

人生はほどほど、出世もお金も幸せも満点になることは絶対にありません。スピーチも同様です。7割の人がおもしろがってくれたら大成功。70点をめざして、60点なら身の丈、50点だったら少し反省して工夫してみましょう。仮に50点に及ばなくても心配いりません。それだけ、あなたにはまだまだ伸《の》び代《しろ》があるわけですから。

しかし、世の中には残念ながら伸び代が期待できない人もいます。経験を積んでも話がうまくならない人。それはどういう人かというと、自分は話がうまく、周囲は喜んで聞いているとばかり、結婚式で長い長いスピーチをしているちょっと偉いオジサンたちです。

「饒舌な話しベタ」の弊害

世の中には話し上手な人は確かにいます。といっても、周囲から「あの人は話がうまい」と言われる人と、「自分は話がうまい」と思っている人をくらべたら、後者のほうがずっと多いのが実情です。

自分では話がうまいと思っていても、実際にはそうでもないケースが多いのです。つまり、そのくらい話し上手の人は少なく、世の中にほんのひと握りしかいないということです。

では、話し上手とはどのような人なのでしょうか。

具体的に言うならば「聞いている人の気持ちを読みとり、むずかしい用語をけっして使わず、わかりやすく、その体験談の映像と空気が想像できるように話ができて、かつ、誰も傷つけずにおもしろく臨機応変に話題を選択して提示できる人」となるでしょうか。こんな芸当のできる人がそうそういるわけがありません。

要するに世の中のほとんどの人は話しベタであるということですが、この話しベタにも2種類あります。話しベタを自覚している話しベタと、自覚していない話しベタです。

自覚していないどころか、いま述べたように「自分は話がうまい」と思っている話しベタもたくさんいます。自分で話がうまいと思っている人の中には、いわゆるおしゃべり好きな人が少なくありません。しかしながら、饒舌《じょうぜつ》な人はえてして自分本位なタイプが多く、こういう人は基本的によい話し方は期待できません。話を聞く人の気持ちを思いやる回路が切断している人は、自分のことを一方的に話すだけ。「話とは他人に聞いてもらうもの」ですから、他人のことを考えない人に、よい話し方ができるはずはないのです。

しかも、この「饒舌な話しベタ」は改善することがなく、いつまでたってもそのままです。それは当人が自分の話し方に難があると思っていないからで、自覚と反省がないところには変化も進歩もありません。したがって、これからも他人の迷惑に気づくことなく饒舌にしゃべりつづけることになります。

さいわい本書の読者は自分は話しベタだと自覚していればこそ、この本を手にとってくださったわけですから、心がけしだいで話し方がどんどん上達していきます。自分は話しベタだと自覚しているか、していないか。この違いは決定的というべきです。

うまく話さなくていい

おしなべておしゃべりな人の話は、心に残らないものです。それは話の内容が自分本位に終始しているせいもありますが、そもそも話す情報量と聞く側の心に残る情報量が比例しないためです。

ぺらぺらと流暢にしゃべられるよりも、訥々《とつとつ》と話されるほうが心に沁《し》み込んでくる。そういう経験は誰しもあると思います。流暢なしゃべりは、耳あたりはいいのですが、文字どおり立て板に水で、さらさらと抵抗なく流れていってしまい、何も残らない。その点、ゆったりとして考えながらの訥々とした口調のしゃべりは、形のよくない小石みたいにスムーズに転がらずに引っ掛かって心に残る。そんな違いがあります。

ですから、けっして流暢にしゃべる必要はなく、むしろそうでないほうがいい。つまり、訥弁のほうがいい話し手になれるというわけです。

ただし、訥弁が輝きを放つようになるには絶対に必要なものがひとつあります。それは**「一生懸命」**です。訥々としたしゃべりで一生懸命に話すとき、あなたの口から出る言葉は輝きを帯びはじめ、聞き手の心への浸透量が増していきます。

なにもうまく話そうとする必要はありません。つっかえても噛んでもいいですから、自分を飾らずに一生懸命に話すこと。そうすれば、聞き手に入っていきます。

〈特別レクチャー〉「七病退治」で好印象を

第一章の冒頭で「垢落とし」の話をしました。自分では気づいていない話しグセに注意を呼びかけたものですが、なかにはクセというよりも「症状」をきたしている人も見受けられます。ここではコミュニケーション、会話やおしゃべりのみならず社会生活を送るうえで支障をもたらす〝七病〟についてふれておきましょう。もしや、とお心当たりの向きは、自己チェックしてみてください。

①自慢病

話の中身が自慢で占められている人は少なくありません。こういう自慢病の患者さんには人は遠のいてゆく傾向があり、近寄ってくる人たちには何かしら魂胆があります。

まったく別の話題からはじまったはずなのに、なぜか自慢話になっているのがこの病気の症状です。仕事・業績・学歴・家柄・家族、あるいはクルマや時計などの所有物と、あらゆるものが自慢の対象となり、やっかいなことに自分では自慢に気づかない。こういう人の症状が改善できるかどうかは、自分が話をしているときに他人がどんな気持ちで聞いているかに思いを馳せることができるかにかかっています。

②否定病

他人の言うこと、なすことをとにかく否定するのがこの病気です。この人たちがよく口にするセリフは似通っています。「そこがダメなんだよ、もう一度考え直せ」「お前の性格、なんとかしろ」「もっと頭を使えよ」……。最悪なのは、こういう否定病の人間を上司にもつことです。だいたい怒鳴る上司ほど心が狭く、部下を育てる能力がないと思って間違いありません。「責任はお前がとれ」――サラリーマンであることに絶望を感じる言葉ですが、不幸にしてこういう上司に当たったら「自分はこんな上司には絶対ならないぞ」と思うことです。でも考えてもみてください。こんな人たちが幸せになるとはとても思えませんから。

③弱気病

集団でいるときは心強いけれど、ひとりになると自信がなくなる。弱気になるときは、誰にでもあります。周囲からあの人はスゴイと思われている人でもみんな同じです。しかし

「自信を失う」「臆病になる」、この2つの経験とそのときの思いを忘れないことが、人に優しい言葉をかけられる大切な要素です。「しょせん、私なんか……」「どうせやったところで……」という気分に襲われたときに言ってみてください。「これはまともな人間が一度は通る道、やっときたか」と。それでは、どう乗り越えればよいのでしょうか？

のどもと過ぎればいつか思い出して笑うときがきますが、落ち込んでいるときには、何でもいいので熱中できるものをもっていると立ち直りが早いと思います。

④不満病

他の人と遜色《そんしょく》ない仕事をし、成果も上げているのに評価されない。仕事帰りに立ち寄る居酒屋がささやかな憩いの場で、上司や仲間の愚痴をこぼしている。こういう不満病患者は、仕事中の表情やしぐさ、声にも不満が表れています。

周囲から評価され、いきいきと仕事をしている人は明るさがついて回ります。しかし、そういう人たちだって、何かのきっかけで不満病になるのが人の世の常です。人生は万事塞翁《さいおう》が馬、禍福《かふく》はあざなえる縄のごとしなのですから、不満があってもいつも楽しく笑顔でいれば幸福が巡ってくるはず。「大きな仕事を任せよう」と考えている上司は、笑顔の彼、彼女を必ず選ぶものです。

⑤饒舌病

これは誰も止められません。いったい話がどこに行き着くのか予測不能です。おしゃべりの人は、他人の話を何も聞いていません。したがって、その場の会話は、間違いなく饒舌病の人のものとなります。しかし、改まった場でのまとまった話はヘタな人が多く、さらに始末の悪いことに自分では結構うまいと思っています。

饒舌病患者の話は、みんながもう飽き飽きした話題や噂話、悪口に終始し、説得力もなく、内容はとても浅いところを行き来しています。そんな人をうらやましいと思わないでください。自分は話しベタと思い込んでいる人のほうが上手に話す可能性に満ちていますから。

⑥オレオレ病

「オレがやらなきゃ誰がやる」「オレがいるからこの部署はもっているんだ」と決め込んでいる人はかなり重い病です。

たとえあなたが去っても、組織は滞りなく日々の業務を遂行していきます。「オレがいなければ」と思う気持ちはわかります。しかし、会社も世の中も滞りは許されませんので、あなたがいなくなれば、翌日から次の担当者が仕事をこなしていくだけのことです。あなたでなければできない仕事もほんの少しはあるかもしれませんが、それはすぐに時間が解決してしまうはずです。

自分がしてきたことにプライドをもつことは必要ですが、時間の経過はある意味残酷です。「オレが」の時代を懐かしんでも誰ひとり拍手も賞賛もしてくれません。

⑦黙考病

「沈黙は金」というのは現代では通用しないのでしょうか。私はそうは思いません。いちばん大切なことは、己の出世を脇において仕事に向かう姿勢です。私利私欲にとらわれると、周りの人はすぐに感じとり、みんな離れていきます。

ですから、黙ってやるべきことをやっている人の背中を、人は見てくれています。だからといって、これが自分のスタイルだとばかり沈黙を貫くのが賢明とは思えません。「私やります」のたった7文字の意思表明でいいから周りの人に伝えることです。すなわち有言実行。自分の名誉や金銭欲でなく、やり遂げたい一心からの姿勢があれば、人は手を差し伸べて協力してくれるもの。その人柄に魅せられた仲間が集まります。

寡黙な人も、訥々とでいいから自分の意思を伝えないと、今の時代から取り残されます。

自己紹介には話し方のすべてが詰まっています

人前で話さなければならない機会にはいろいろありますが、もっともポピュラーなのは自己紹介でしょう。各種会合、趣味の集まり、慰労会、合コンと、初対面どうしの人が複数集まる席に欠かせないのが自己紹介です。

結婚式のスピーチなどにくらべると、はるかに気軽にできますが、じつは短い自己紹介には「話し方」を身につけるうえで大切なことが凝縮されています。

たとえば、こんな自己紹介はどうでしょうか。

え～、私の名前は工藤剛平32歳で、生まれは青森ですが、今は東京の大田区で年とった父母と2匹の猫といっしょに暮らしています。もちろん独身で、パソコン関係の会社に勤めていますけれども、え～と、趣味は旅行と音楽鑑賞ですが、あの～、大勢の前でお話しするのが大の苦手でして、え〜と、え〜、よろしくお願いします。

おそらく、みなさんもこれに近い自己紹介をされているのではないかと思います。これが仮に合コンの自己紹介だとしたら、このあと、女性のあなたは工藤剛平さんとどんなお話をされるでしょうか。ちょっと考え込んでしまうでしょう。なぜなら、話しかけるきっかけになるような情報があなたの頭に残っていないからです。

でも、この自己紹介には知らせるべき情報は、ひととおり入っています。名前、出身地、家族関係、仕事、趣味……。そういう意味では、いちおう及第点といえるかもしれません。ただ残念なことに、これではせっかくの情報が頭に残りません。最初に名前を言いましたが、その場にいた人には「クドーゴウヘイ」と聞こえただけで、頭に定着はしていません。自己紹介をしたのに名前すら覚えてもらえないのでは、なんとも情けないかぎりです。

もっと具体的に、もっともっと具体的に

名前だけではありません。この話し方では、それ以外の情報も聞き手の記憶にほとんど刻まれていないはずです。

唯一例外があるとしたら「猫2匹」でしょう。なぜ、これが記憶に残る可能性があるかというと、この自己紹介のなかで、これだけが具体的だからです。欲をいえば猫の種類とか猫にまつわるエピソードがあれば、いうことはありません。

ここで自己紹介におけるひとつの鉄則がわかるはずです。それは、**「話になるべく具体性を盛り込む」**ということです。

趣味にしても「旅行と音楽鑑賞」というだけでは情報になっていません。どこへの旅行が楽しかったか、最近どこへ行ったのか。音楽で好きなジャンルはクラシックか、ポップスか、ジャズか。

もし私がその場にいた女性のひとりだったら、残念ながら、この自己紹介では、工藤剛平さんと話をする気にはなりません……剛平さんがとびきりのイケメンでもないかぎり。たぶんお相手は見つからず今夜も空振り。夜空に浮かぶ星を見ながら両親の待つ自宅に帰ることになるでしょう。

そこで、こんなふうに自己紹介してみてはいかがでしょうか。

私の名前は、名は剛平で姓は工藤。ちょっとだけ強そうな名前ですが、性格は正反対の優男《やさおとこ》です。あの～、顔は見ての通りの中途半端ですが、これから送る人生でサッカーの本田圭佑《ほんだけいすけ》選手のような目力のある印象的な風貌をめざしています。え～、趣味はいちおう旅行なんですが、去年南米のマチュピチュ、あの空中都市に行ったのです。ところが高山病にかかり、ひどい目に遭ってから旅行の趣味はやめました。残る唯一の趣味は音楽です。といっても、演奏はとても歯が立ちませんので、もっぱら聞く一方です。え〜、好きなジャンルは歌謡曲の演歌で、石川さゆりが大好きです。とくに『津軽海峡・冬景色』を聞きながら、ふるさと青森の「けの汁」をすすっています。上京して3年、けの汁と津軽海峡が忘れられない工藤剛平32歳です。

文字数にして300字余り。しゃべるとわずか2分ですが、その時間でこれだけの情報を伝えられるのです。ここまで自己紹介できると話の糸口は無数にあり、その場に集まった誰もが工藤剛平の名前も出身地も旅行話も歌の話も、けの汁も記憶してくれます。郷土料理というのは初対面どうしをうまく結びつけてくれる格好の話題です。

とくにしっかり覚えてもらわないといけない名前は、冒頭で姓と名をわざとひっくり返して印象に残るように名乗り、最後にもういちど名前を言って締めくくっています。剛平さんの「あの〜」「え〜」の口グセはまだとれませんが、プロではないのでこれぐらいなら合格です。

これなら、合コンの席で工藤剛平さんは多くの女性に囲まれ、「我が世の春」を満喫して素敵な女性をデートに誘えるでしょう。家で待つご両親と2匹の猫はホッとしているはずです。

楽しむ人も悲しむ人もいるのが人間社会ですが、どうせなら楽しむに越したことはありません。話というのは、その楽しい人生への橋渡しをしてくれます。工藤さんは短い自己紹介に楽しい話を盛り込んで、その場にいるみんなの気持ちを弾ませました。出席していた女性陣の瞳を「あ、この人、おもしろそう」と輝かせたのですから。

その結果、彼は多くの女性に囲まれる幸せを得ることができました。そこには、幸せを差し出すと、考えてもいなかった幸せが戻ってくるという人生の法則を見いだすことができますが、その幸せを結んだのがわずか2〜3分のお話です。

少々人生訓めいてしまいますが、そもそも人がなぜ話をするかと考えると、それが次の幸せにつながるからだと思うのです。不幸を背負い込む人にならないように、じっくりと話し方を練習していきましょう。

うまいスピーチは事前準備の賜物

工藤さんの自己紹介に戻りましょう。大切なことはここからです。

聞く人の印象に残る、あのような自己紹介を事前準備なしにできる人はまずいないでしょう。もっといえば、プロのアナウンサーでも、これをアドリブではできません。あたかもアドリブでやっているように見せかけることはできても、準備をせずにその場でやってみせることはまず無理です。話のプロでも、前日に話の順番を考え、さらになるべく具体的な内容にするために5回ほど推敲《すいこう》してやっとできることなのです。

話しベタの人はスピーチのうまい人を見ると、生まれつきこういうことができてしまうのだろうと思いがちですが、これは間違いです。マイクの前に立って話しはじめるや、たちまち気の利いたネタで聴衆の心をわしづかみにし、ところどころに笑いをまぶして話を引っ張り、最後にあざやかなオチをつけて拍手喝采――。こういう芸当を可能にしているのは、事前準備によるところがほとんどです。

話し上手な人やプロでさえ事前準備を怠りなくやっているのですから、まして話し慣れない人が準備もなく人前で話をしようというのは無謀です。

その場の思いつきの話では人の心まで届かない。このことは肝に銘じていただきたいと思います。

自分を印象づけるコツ

そこで、具体的にどう準備をすればいいのかについてお教えしていきましょう。

話し慣れない人がスピーチをする場合、まずメモ紙に大きな字でキーワードを話す順番に書くことからはじめます。先ほどの工藤剛平さんの自己紹介を例にとると、キーワードはこうなります。

（深くお辞儀をする）①名は剛平、姓は工藤　②優男・顔は中途半端　③本田選手　④マチュピチュ　⑤『津軽海峡・冬景色』　⑥けの汁　⑦上京3年　（再度お辞儀）

このキーワードのなかに、工藤さんが自分を印象づけるために用いた非常に効果的な固有名詞があります。「本田選手」がそれです。聞く人の誰もが顔の浮かぶ有名人を出して自分を印象づけているのですが、工藤さんは「自分は本田選手の顔に似ています」と言っているわけではありません。

もし本当に本田選手の顔と似ていればそれに越したことはありませんが、そうでなくても全然かまわない。彼は「本田選手のような風貌をめざしています」と言っていて、その前に「性格は優男で、顔は中途半端」と言っています。つまり、あまりパッとしない顔立ちであり、それゆえに「本田選手のような目力のある風貌」をめざしていると言っているわけです。

この場合、本田選手とはかけ離れた風貌であればあるほど、その落差が深く印象づけられ、またウケる要素にもなります。

よく自己紹介の席で有名人の名をあげ「私はよく××に似ていると言われます」と話す人

がいます。もちろんこれは自分を印象づけるのに効果的なやり方ですが、中途半端に似ている有名人をあげるよりも、工藤さん方式にならい、自分と全然似ていない有名人をあげて「あの風貌をめざしています」とやったほうが喜ばれるはずです。それに、これなら旬の有名人をいくらでも利用できるメリットがあります。

というようなことをふまえて、キーワードのなかに、誰でも知っている有名人の名前を入れておくわけです。

イメージの浮かぶキーワードを

有名人の強みは、なんといってもその顔が広く知られていることです。だから、その名を聞かされただけで、画像が頭のなかにパッと浮かぶ。

じつはこれがスピーチにおける固有名詞の強さなのです。工藤さんのあげたキーワードにある「マチュピチュ」「津軽海峡・冬景色」「けの汁」。これらも同様です。

アンデス山脈の高地に築かれ、非常に特異な景観をした古代都市遺跡のマチュピチュ。その名を聞けば、ああ、あれかとすぐに頭に浮かびます。それから、石川さゆりの『津軽海峡・冬景色』。この曲名を聞けば、たちまち鉛色にうねる冬の津軽海峡の風景が浮かんでくるでしょう。けの汁は、津軽地方の郷土料理ですが、知らない人もいるかもしれません。で

すが、工藤さんは「『津軽海峡・冬景色』を聞きながら、ふるさと青森の『けの汁』をすすっています」と語っており、郷土料理であることがわかります。

それがどんな料理であるかはわからなくても、「けの汁」という名称から、ほかほかと湯気のたつ汁物であることがわかるでしょう。そのイメージが浮かべば充分です。ちなみに、このほかほかとしたイメージは、冬の鉛色の津軽海峡の風景とセットで語られることでいっそう引き立っています。

先ほど話には具体性が大切だと述べましたが、こうしてみていくと、具体性とはそのイメージが頭に浮かぶもの、と言い換えることができます。話の準備をするうえでキーワードをあげる際、その言葉によってパッとイメージが浮かぶかどうか。この基準で選ぶようにしてください。

自己紹介虎の巻

以上のことをふまえて、あなたなりのキーワードを列挙した「自己紹介虎の巻」を作っておくことをおすすめします。自己紹介をする機会はけっこうありますから、一度これを作っておくと何度でも使えますし、何かの集まりで、不意に「では、みなさん、おひとりずつ自己紹介を」となったときにも、うろたえずにすみます。

自己紹介に必要な項目、あるいはふさわしい項目としては、

①名前からの広がり
②趣味のエピソード
③その趣味をおもしろく伝える話
④ふるさとの食べ物
⑤仕事での世間が知らないマル秘話
⑥私の将来

の6つだと思います。58ページに欄を設けておきましたので、各項目についてキーワードをいくつか書き込んでみてください。そう、なるべく具体的に、イメージの浮かびやすいものにすることを忘れずに。

ここでは6項目を用意しましたが、もちろん自己紹介のたびに、これらすべてを話す必要はありません。そのときどきに応じて①と②と④だったり、①と⑤と⑥だったり、いろいろな組み合わせがあると思います。

遊びの集まりの自己紹介と、ビジネスライクな集まりの自己紹介では、おのずと話す内容は違ってきます。ですから、この6項目は常時用意しておくと便利な引き出しです。そこから必要に応じてキーワードを引っ張り出して、その場にふさわしい自己紹介として活用するようにしてください。

自己紹介虎の巻

①名前からの広がり

②趣味のエピソード

③その趣味をおもしろく伝える話

④ふるさとの食べ物

⑤仕事での世間が知らないマル秘話

⑥私の将来

メモづくりの第2ステップ

自己紹介は、誰もが経験するいわばスピーチの入門編です。しかし、社会に出て年齢をかさねると、もっとかしこまった場で、長く話さなくてはならない「試練」がやってきます。

私にもそんな機会がありました。といっても、アナウンサーになって2年目でしたから、まだ経験もかさねていないころです。赴任先の松江のご婦人がたの集まりから「赴任1年の所感をなんでもいいから話して」とお声がかかったのです。

地方局のアナウンサーには、ときどきこうした依頼が舞い込むのですが、20代前半の若造が妙齢のご婦人がたを前に何を話したらいいのか、頭を抱えてしまいました。

そこで、とりあえず松江に赴任してから印象に残ったことを列挙してみました。じつはすっかり黄ばんだ古いノートに、そのときの鉛筆書きのメモが残っています。そこには、こう書かれています。

①住み慣れた東京を出て山陰線に乗り、鳥取駅を通過すると急に心細くなった
②初めての町松江に降り立つと、どんよりした曇り空が迎えてくれた
③先輩からは容赦なく叱咤《しった》され、今も毎日ぼろぼろになって帰宅している

④初めて知ることが多すぎる。1年経っても苦労しているのは島根県の地名
⑤温泉津町《ゆのつ》・木次町《きすき》（現・雲南市《うんなん》）・出雲郷《あだかえ》
⑥美人の宍道《しんじ》松江さんとデートをしたら、翌日に局長から呼ばれ、「気をつけるよう」訓告あり
⑦東京の蕎麦と比べると、出雲《いずも》そばはモソモソだが、岩海苔の香りがよい
⑧下宿のおばさんは親切すぎて嫁候補まで世話してくれるが、ありがたくも遠慮している
⑨それにしても宍道湖に落ちる夕日が美しく、出雲の女性も美しい
⑩初任地が松江でよかった、いっぱいの神様にすがって生きよう

「松江での1年」をコトが起きた順に書き出し、いちおう結論らしきもので結んでいます。さて、この箇条書きをにらみつつ、アタマの出だしをどれにするか悩みました。話を聞くのは地元の人たちですから、とりあえず興味をもってもらえそうなのは、⑤か⑥か⑦あたり。結局、そのなかから⑥を選びました。聞き手の中心層である50～60代女性、つまり、おばちゃんたちの関心事はたぶん「男女話」であろうと思っての決断です。

そうなると、キーワードメモの順番はこう変わります。

①局長に呼ばれる（「昨日、松江君と歩いていたな？　町の噂だぞ」）
②出雲は美人の町（おばさんも綺麗デス、でも噂話の大好きな町）
③山陰線での心細いどんよりした気持ち（思えばそこからはじまった、どんよりとした空）
④怖い先輩、もっと怖い視聴者からの電話（下宿で泣いた日々）
⑤難読地名（温泉津・木次・出雲郷、それでなくても誤読が多いのに）
⑥出雲そば、下宿先のおばさん
⑦夕日、女性、神様、松江はステキ

もう半世紀も昔の出来事ですが、キーワードを書き出して頭をひねった甲斐あって、話のつかみは成功。入局2年目の駆け出しアナの話にしては、おばさまたちに喜んでもらえた記憶があります。

出だしで心をつかみ取れ

話の出だしは、聞く人の興味をひかないとすぐにソッポを向かれるから最重要です。一般の人でも、たとえば落語のお好きなちょっとばかり粋な方はけっこう引きつけ上手です。寄席でのまくら話を聞き慣れているので、話題性あるネタをうまく使います。

「なにかい、あがらないコツを知りたい？」と言われたら、私までつい耳を傾けたくなります。

関心をひく話が出だしにあると、聞いてみようかという姿勢がセットされます。そこで、どんな話題から入るか。日々のニュースや事件、あるいは芸能、スポーツ、グルメなど、無限にある情報のどれを取り出すかは、あなたの生き方や感性にかかってきます。だから日々をおろそかにできないのです。「昨日と違う今日、今日と違う明日」にアンテナを張っておくことも大切でしょう。

いっそ時事ネタではなく、自分の変わった体験談や失敗して大恥をかいた話など、まったく個人的な話から入る手もありますが、基本は「今」の話です。今の旬の話をすると、聞き手は「おっ」という感じで身を乗り出すからです。

ですから、プロの話し手は必ずといっていいほど時事的な話題から話しはじめます。ただ、そこからうまく本題に入るのは、話し慣れていないと難しいかもしれません。

そういう場合は、背伸びをせずに、ごく身近な話題から入るのがいいと思います。肩の力を抜く感じで、日常のありふれた話題からはじめるのです。

ちょっとやってみましょうか。仮に「健康」をテーマに何か話さなければならないケースを想定すると、こんな感じです。

身近な話題から入るトーク例

①「え〜、私の住んでいる田園都市線の沿線は、最近マンションが増えて電車が混むようになり、通勤時間帯はまず座れません」

②「それにしても最近の車内は老いも若きもスマホに夢中で、そんな姿を見ていると、自分もそのうちのひとりなんだなと思ってしまいます」

③「指先の運動は老化防止になるといわれていますが、会社に行けばパソコンを見つめ、家に帰れば、やはりパソコンかスマホで情報を知る人がほとんど。休日は休日でもっぱらテレビの前に寝転がってスポーツ観戦でしょう。こんなことでは体に悪いとわかっているのですが」

④「ちなみに私の体重は現在75キロ。2年前は90キロ台の後半でした。では、それからどうやってダイエットに成功したかをお話ししたいと思います」

補足しますと、まず誰もが知っている光景を提示して、そこに自分の思いをやや批判的にのせます（①、②）。この場合、批判が強すぎるとえらそうな感じが出ますので、「いや、自分もそのひとりでして」と省みることで、聞き手の共感をよぶことができます。

そのうえで、パソコン浸《づ》けという現代人の暮らしを具体的に語り、それにともなう健康問題を憂うことにします（③）。基本的に現代人の暮らしは不健康なものに満ちているので、自分の日常から健康問題につなげるのは、やりやすいはずです。そして、自分の体重データを開示します（④）。こうして具体的な数字が提示されたら、聞き手は「オレのほうがスリムだぞ」とか「90キロ台から75キロはえらいな」とか自分とかさねるようになります。

こうなればシメたもので、聞き手は自分に少しでも関わることなら、おのずと耳を傾けます。要はそこへもっていくまでの導入部において「自分もそうだ」と共感してもらうことができるかどうか。それができれば、スピーチはもう半分成功したようなものです。

隠し球があれば余裕が生まれます

これまで、事前の準備なしには、どんなに上手な人でも聞き手を満足させることは不可能であると説明してきました。ここで、私の失敗談をひとつさせてください。

ある会で、1時間の講演を頼まれたときのことです。私は、集まった人たちに聞いてほしい内容をあらかじめ7項目用意し、これで1時間は大丈夫と安心しきっていました。本番がはじまり、順調に講演は進んでいきます。ところが、私は用意していた7項目を、開始45分でしゃべり終えてしまったのです。このまま結論に入っていけば、あと3分程度で話は終わってしまいます。

事前に練習をかさねてあったはずの余裕は一瞬で消え去り、あせりました。残り15分で何を話せばいいのか、頭が真っ白になりました。

予定より早く話し終えてしまった原因は2つあります。まず、「早く楽になりたい」と一生懸命になるあまり、心もち早口になってしまったこと。もうひとつは「7項目伝えなければ」という気持ちが空回りし、一気呵成に原稿を読み上げてしまったこと。パニック状態のなか、私は「もっと項目を増やして用意しておけばよかった」と後悔しました。

では、この反省をいかして話す内容を10項目用意していたとしたら、どうなったでしょうか。今度は、7項目話したところでちょうどもち時間が来て、首尾よく1時間でまとめられていたはずです。話しても話さなくてもいい3項目があるという安心感から、余裕が生まれるのです。

人はゆとりがあると泰然自若とした表情になり、余裕がないとギリギリの切羽詰まった顔になるものです。話し手の落ち着いた声、表情は聞き手にも安心感を与えます。話し上手といわれる人は、このような「隠し球」をいっぱいもっているからこそ、余裕をもって話ができるのです。

第三章　話の順番をどうするか

起承転結の教え

昔から文章を構成する型に「起承転結」があります。その代表例としてよく引き合いに出されるのが江戸後期の文人、頼山陽《らいさんよう》の作とされるこの俗謡です。

大阪本町　糸屋の娘
姉は十六　妹は十四
諸国大名は　弓矢で殺す
糸屋の娘は　目で殺す

簡潔にしてみごとな構成です。最初の1行目は話のはじまりで、2行目はその内容や経過の説明。3行目でそれまでとは異なる話に転じて、最後の1行で全体を締めくくって結んでいます。

この起承転結にしたがって文章を作れば、すっきりとしてわかりやすく、かつおもしろいものになるとされています。

ただし、これはあくまでも文章上の作法です。スピーチでも起承転結の構成パターンが有効かというと、少し無理があるような気がします。

ためしに起承転結にしたがって、ちょっとお話を作ってみましょう。

①このあいだパソコンを開いたら、なつかしい元カレからメールがきていたの
②もう5〜6年前かな、別れたのは。彼の優柔不断に耐えられなくて
③リカちゃん人形って覚えてる？　わたし、リカちゃんの彼氏のはるとくんが大好きなのね
④久しぶりに元カレに会ったら、ちょっと大人になっていたの。あのスポーツマンのはるとくんのように

これを声に出して読んでみると、③のリカちゃん人形のところがどうも唐突すぎて、読んでいて不自然な感じです。当然、聞き手も同じ印象をもつでしょう。頼先生の糸屋の娘にし

ても、声に出して読んでいくと、やはり「諸国大名――」のところで唐突感は否めません。活字を目で追っている分には、それほど強い違和感を覚えないのは、おそらく視覚と聴覚の違いでしょう。つまり聴覚だと、文章作法である起承転結の「転」のところでひっかかってしまうのです。

「結」から話しはじめよう

そこで、起承転結の順番を変えてみることにします。

私がおすすめしたいのは、起承転結の「結」から話しはじめるやり方です。これから話す結論を一度言ってから、起・承・転と話します。まず結びありきの話し方は、とくに話し慣れていない人にはおすすめです。とにもかくにも結論を最初に言ってしまう。そうすると、なぜそうなのかを説明しなければいけませんから、せっせと順序立てて話すことになります。

これだと聞く側も、もう結論がわかっていますから、安心して聞くことができます。これは聞き手に対して親切であると同時に、話し手にとっても安心です。聞き手がこの話はいったいどこに着地するのだろうという不安を感じると、気まずいような嫌な空気が広がりますが、そうなる心配がないからです。

結論から先に

ただ、結論を先に言うときに注意が必要なのは、そのあとに述べる理由が多くならないように絞り込むことです。

もし理由が7つくらいあったとしても、3つに絞り込んで説明してください。「理由が7つ」とか「5つ」と言われただけで聞く気がなくなります。集中できるのは3つがいいところです。

そして、理由を具体的に述べたあと、最後にもう一度結論を繰り返してください。

黒白がはっきりしているテーマなら簡単ですが、普通は賛成・反対にはそれぞれ条件があったりしますので、そう単純にはいきません。私もかつて話し合いの場で格好よく最後に結論を述べようと思い理由を説明しているうちに、なんだか曖昧模糊として結論があやふやになってしまい、反省したことが何回もありました。そうならないように「結論↓理由

↓条件↓結論」と単純化して事前に思考を整理しておくことが大切です。

話し慣れてくると、推理小説の名探偵が謎を解くように、読者（聞き手）を翻弄しつつ、あざやかなどんでん返しで最後の結論にもっていけます。そんなふうにできるようになれば、「話し方名人」の称号も夢ではないでしょう。私はまだそこまでできませんが。

「転」からはじめる冒険話法

もうひとつ、さらに冒険をいとわない人であれば、起承転結の「転」から話しはじめる方法もあります。意表をついたやり方で、先ほどの例文にならえば、

「みなさん、リカちゃん人形って、覚えていらっしゃるでしょうか。じつはわたし、リカちゃんの彼氏のはるとくんがタイプだったんです」と、いきなりはじめるわけです。

リカちゃんの彼氏のはるとくんといわれても、あらかたの人には「はあ？」という感じでしょう。この微妙な空気を乗り越えて、マニアックな話題でぐっとひきつけ、説得力のある結論にいたることができれば拍手がわき起こります。しかし、説得力がないと惨めな結果が待っています。

いわばハイリスクの話法で、初心者にはおすすめしかねます。しばらくは「結先」でやって、それに慣れたら「転先」にチャレンジしてみるというのがよろしいと思います。

事前にエピソードの用意を

さて、ここから話の本題に入りましょう。

気のおけない人（気を遣う必要がない親しい人）とのおしゃべりでも、あらたまったスピーチや報告でも、話の核（中心）には具体的な体験談やエピソードが必要です。「おもしろかった」「ビックリした」「大変だった」「勉強になった」の感想だけでは、聞いているほうに不満が残ります。

具体的なエピソードやいきいきした経験談を語らないと、なぜおもしろかったのか、ビックリしたのかが伝わってこないからです。話のプロといわれる人たちは、そうしたエピソードをふんだんにもっています。だから、集まった人の年齢層や地域の特性などをふまえて本題に合ったエピソードを盛り込み、今風にアレンジし、工夫を施したうえで話をするのです。

普通の人は、体験談を詰め込んだ引き出しなどもっていませんから、事前に話すべきエピソードを用意しておかないと恥をかくことになります。自分の経験したことや見聞きしたことを、その情景が目に浮かぶように夢中になって話しているうちに、いつしかそれが習慣になり、考えるのが楽しくなって、上手な話し手になっていく人がたくさんいます。

要らぬ話を捨てる勇気

エピソードとともに話をするうえで重要なポイントは、出来事のなかのどのシーンをクローズアップさせて聞き手に伝えるかです。たとえば仲のいいグループで旅行をしたときの話をするとして、あなたなら次の出来事のうち、どこから話しますか。

①気のおけない仲間4人で、日光に電車で行ってきました。毎回事件を起こす妖子が切符を忘れ、車掌さんとスッタモンダして解決したのはいいけれど、今度は遊子が腹痛を訴えてテンヤワンヤ。私、剛子の持参した整腸薬を飲ませたりしているうちに、早くも疲れ果てて日光駅に着きました。

②金谷《かなや》ホテルのレストランでランチを食べようと入りましたが、満員で1時間待ち。私たち3人は他で食べようと提案しましたが、グルメ命という味知子がどうしてもカレーライスを食べないとここまで来た甲斐がないとダダをこねます。しかたなく天女の彫刻などを見物し、明治時代に思いを馳せながら待ち時間を過ごしました。

③私のお気に入りは中禅寺湖畔にあるイタリア大使館別荘記念公園。観光客もあまり来ないし、なんといっても別荘として使われていた館の内外装デザインで、杉の板と皮を交互に貼った文様はおしゃれでシック。入館に２００円かかるけれど、縁側のガラス越しに眺める湖の風景には、さすがのおしゃべりおばさん４人も静かに観賞しました。ここを選んだ私の感性の素晴らしさ。

④今回の旅の目的は戦場ヶ原散歩。ところが妖子は木道を踏み外して捻挫《ねんざ》するし、腹痛続きの遊子はいつもトイレ探し。おまけにグルメ味知子は、おやつのザラメ付きカステラを家に置いてきたようで、もうメタメタ。私は思いました。「日光、結構」というけれど、お友達しだいで「日光、もう結構」だと。

さあ、どうでしょうか。どうも結論の④は動かしようがありません。すると残り①②③のうち、話の入り口としては、「日光にはいろいろな名所があり、金谷ホテルや戦場ヶ原にも行きましたが、私にとっていちばんの感動はイタリア大使館の別荘だった館でした」と③から入り、ひとしきり感動を伝えたあとに、①②④の順に話すのが話しやすいと思います。

旅行の話だからといって、出来事を時系列にすべて話す必要はありません。③の部分にウエイトをおいてしっかり伝えたければ、①と②はぐっと短縮するか、いっそ省略してしまってもいいでしょう。どこかを強調するということは、それ以外のところを薄めるか消去するということです。

話にメリハリをつけるには、あれもこれも話すのをやめて、**話の取捨選択をすること**が大切です。

もっとも、この日光旅行の話を「仲良しおばさん４人組のずっこけ道中記」といったテーマにするなら、①〜④の順番どおりでかまいません。ただし、聞き手に笑ってもらうのは、けっして容易なことではありません。プロの芸人だって、それで日夜苦労しているのですから。旅先で自分たちが笑い転げたことを他人に話せば同じように笑ってくれるというものではありません。相手が気をつかって、お追従《ついしょう》笑いしてくれることもあることをお忘れなく。

話し手に大切なのは、旅行の出来事を伝えるというよりも、そのときの自分の感情や感動を心から伝えようとする姿勢です。それが聞き手を飽きさせない大事な要素です。

「思いつき」の話はやめておこう

ところで、話をしている最中に、忘れていた事柄が湧き出てくることがあります。「こんなこともあった」「そうだ、これもついでに」と頭に浮かんでも、慣れないうちは絶対に踏み込まないようにしてください。

こういう「思いつき」に踏み込むと、話が散漫になってしまい、おまけに長くなる悪しき要因になるからです。それだけならまだいいのですが、多くの場合、横道に入り込んで収拾がつかなくなり、しどろもどろの醜態をさらすことになりかねません。

入った支線から上手に話を本線に戻すのは、ある程度上級者にならないと難しく、初心者はあらかじめ用意したレールの上を走るように心がけてください。

事前に用意した簡単なメモを「お守り」代わりに置いて、一生懸命に誠実に話すことです。このとき用意するのはあくまでもメモで、原稿ではありません。きっちり原稿を作ってしまうと、うまくいかないからです。まして気持ちの入らない暗記は最悪です。

これは私自身の体験ですが、放送で話すことをあらかじめ原稿にして、それを読んだところ、非常に評判が悪く、すぐにやめました。次に、頭のなかにすべて叩き込もうとしましたが、頭が悪いせいかこれもダメでした。あれこれ失敗をかさねるうちに、キーワードだけメモしておき、それにときどき目を落として話すとやりやすく、好評であることに気がつきました。

原稿を作ってそれを読みあげると、話の漏れや言いよどみはなくなりますが、聞き手の心のなかに入っていかないのです。結婚式のスピーチでも用意した原稿を読みあげる人がいますが、これではまずおもしろい話は期待できません。話し終わってパチパチと型どおりの拍手しか起きないのも仕方ないでしょう。聞き手の心に届いていないからです。

自分の言葉がもつ力

ここで、語られることが聞き手の心に届くとはどういうことなのかについて考えてみましょう。

話し慣れている人が心に沁みるような話をするとはかぎりません。第一章でも述べましたが、饒舌な人、立て板に水のようなしゃべりよりも、訥々としたしゃべりのほうが聞き手の心に沁みてくるものです。

ですから、なにも流暢なしゃべりをめざす必要はまったくなく、むしろそうならないほうがよいといえます。それよりも大切なのは自分の言葉で一生懸命に誠実に話すことで、そうやって出てくる言葉は、かならず聞き手の心に届くものです。

いま「自分の言葉で」と言いましたが、これも重要なポイントです。自分の言葉とは借り物ではない言葉という意味ですが、自分の目と耳で見聞し、自分の頭で理解し咀嚼《そしゃく》したところから出てくる言葉は、聞き手に説得力があります。

これは言葉のもつ不思議なところです。同じ言葉を使っても、その言葉が意味するものや、その背景や事情をきちんと理解している人が口にするのと、ろくに知らない人がただその言葉を口にするのでは、伝わり方がまったく違うからです。

なぜこんな話をするかというと、じつはアナウンサーの伝えるニュースや告知文がそうだからです。

ニュースの場合、アナウンサーは用意されたニュース原稿を読むだけですから、それほど難しい仕事のように見えないかもしれません。実際、新人アナウンサーでもニュース原稿を読みますが、新人アナウンサーが読むニュースの内容は伝わり方が弱い。もちろん新米だろうと、ちゃんと読みさえすればいちおうは聞き手に伝わりますが、その浸透力が弱いのです。

ところが、ベテランアナウンサーが読むと、その伝わり方が断然強いのです。この違いがどこから生まれるかというと、ベテランはそのニュースの内容や背景を理解しているからです。

たとえば「きょう、北朝鮮が今年5回目のミサイル発射を行いました」というニュース原稿を読むとしましょう。このとき、北朝鮮（朝鮮民主主義人民共和国）という国が、いまの金正恩《キムジョンウン》体制になる前、金正日《ジョンイル》の時代からどんな軍備を進めてきたのか。この国がなぜ核兵器にすがりつかざるをえないのか、そして国際社会はそんな北朝鮮にどう対応してきたのか。そうしたことをひととおり知っている人が読むと、「北朝鮮のミサイル」のひと言がただならぬ緊張感をともなって聞き手に入ってきます。

同じ原稿の同じ字面でも、読み手によって伝わり方が全然違う。この厳然とした事実は結局、その言葉が読み手の頭を通して出てくるか、たんに喉を通して出てくるかの違いだと思います。

そういう意味で言葉というのはこわいのです。ですから、スピーチをするときも、知ったかぶりや借り物の知識でしゃべらないことです。そうやって表面を飾ってみても、聞き手の心にはたぶん届きません。あなた自身のなかから出てきた言葉だけで話すべきです。

声は作られる

この知識の蓄積とともに聞き手に説得力をもたらすものに「声」があります。たとえばニュースを読むのは、やや低めで落ち着きのある声のほうが向いています。そのほうが説得力をもつためですが、私などは少し高い、明るめの声ですから、ニュース読みにはあまり向いていません。

声は生まれつきのものですが、人前で話すときは、早口にならないように注意して落ち着いた声を心がけてください。

自分で自分の声が嫌いだという人は少なくないようですが、声は変わることはないかというと、そんなことはありません。とくに女性の場合、恋をすると声が華やかになりますし、おだやかな暮らしをしていると、顔と同様におだやかな声になります。腹にいちもつある人は、声も少しくぐもったような、透明度のない声になります。

たとえば、高いキンキン声の人が朗読に挑戦すると、低めの声を意識して出すようになります。それを続けているうちに意識しなくても聞きやすい声が使えるようになります。

つまり、生まれついたものとはいえ、声も顔や性格と同じで、作られるものでもあるということです。

声もまたその人らしさの部分ですから、自分では気にいらない声かもしれないけれども、自信をもって話しているうちに周りの人もあなたの声を認めてくれます。繰り返しになりますが、大切なのはうまくしゃべることではなく、自分の声と言葉で一生懸命に自分の思いを話すことです。

はじめのうちはそれで充分です。ただ、ある程度人前で話すことに慣れたら、心がけていただきたいことがひとつあります。それは「間《ま》」を意識することです。

「間」の種類と効果

話し慣れない人の話し方は、どうしても一本調子になりがちです。そこで、ところどころに間が入ると、平板だった話の流れが立体的になり、臨場感が出てきます。間は話をより魅力的に伝えるのに非常に有効ですが、間にはその効果によっていくつもの種類がありますので、説明しておきましょう。

①話しはじめるまでの冒頭の間

いきなり話しはじめるのではなく、一拍間を置いてからはじめると、聞き手をこちらにひきつける効果があります。ただ、間をあけすぎると聞く側が心配しはじめるので、ほどほどにするようにしてください。

②間髪《かんはつ》を入れずの間

これは話のヤマ場などで入れる、ごく短い瞬時の間です。緊張感を作りだすのに効果があります。

③理解してもらう間

解説的な話をするときによく用いられる間です。「以上がこの現象が起きた原因と考えられます。……次にその対策は」というように話が一段落するところで置く間です。聞き手に理解してもらうための間で、やや長めにとるといいでしょう。

④思わせぶりの間

結論など重要なことを言う前に置く間ですが、あえて聞き手の予想をくつがえす結論にもっていくときなどに効果があります。話のプロがよく使う間で、聞き手はこう思っているだろうと予測し、あえてそれとは違う結論を述べてひっくり返す。そのひっくり返す直前に置く間です。

⑤ゆっくりたっぷりの間

落ち着いた雰囲気で話すには全体的に間を置いて話したほうがよく、これはそのための間です。センテンスごとに間をもたせて話すと余韻が残り、聞き手もゆったりとした気分になれます。お年寄りや幼児に話すときに効果的です。

⑥あえて置く間

これは話をドラマチックに展開させるために置く間。「そのとき山道を歩いていたら……クマですよ。……ク、クマが前方にいたんですよ」というように使います。これも噺家《はなしか》などプロが使う間で、職人芸的な間ですから、素人には難しいかもしれません。

というように間にもいろいろありますが、実際にどういう呼吸で間を置くかを文章で説明するのは難しく、しゃべりを実演したいところですが、そうもいきません。

そこで、むかし私が丹沢《たんざわ》の山歩きで感動した景色を伝えた一文を用意しましたので、そのときの情景が浮かぶように話すとしたら、私ならこうやって間を置くという一例を示すことにします。文中の〈○〉印が間を置くところで、○の数は間の長さを表しています。

塔《とう》ノ岳《だけ》から眺めた夜明けの景色が60年たった今も脳裏に焼き付いています。〈○〉最初に見えるのは東京の灯りです。〈○〉ひときわ目立つのは東京タワーでしょうか〈○〉暗闇からくっきりと浮き出てきました。〈○○〉上空はまだ無数の星が輝いていて一段と冷えてきました。〈○〉まもなく夜明けです。〈○○〉それまで大きく光っていた明けの明星が遠慮するように消えてゆくと〈○〉輝きをひきつれた金色の塊が〈○〉地平線から燃えながら冷気を裂いて出てきます。〈〇〇〇〉そして急速に明るくなるにつれ〈〇〉先ほどまでチラチラしていた都内の灯りが目立たなくなり〈〇〉東京近郊に住む２０００万人ちかい人たちに夜明けがやってきたのです。

間の長短はありますが、ほぼセンテンスごとに間を置いていることがおわかりいただけると思います。先ほどの間の種類でいうと、「ゆっくりたっぷりの間」に当てはまるでしょうか。話す内容にもよりますが、基本的に人前で話すときは、ふだんよりも「ゆっくりめ」を意識してください。人は緊張すると、知らず知らずのうちに早口になりがちですから、ゆっくりめを意識してちょうどいいくらいになると思います。

そして、もうひとつ確かなことをつけ加えると、場数を踏めば確実に話し方は上達していきます。聞き手の反応がよくなり、その場の笑顔も増えていくでしょう。そうして聞き手が喜んでくれたら、その５倍くらいあなたは幸せになっているはずです。

第四章　印象のよい話し方、嫌われる人の話し方

なぜこの人は嫌われるのか

ここまではあらたまった席でのスピーチなどを念頭に、その話し方について述べてきましたが、話し方のよしあしが問われる場面はそればかりではありません。ビジネスシーンではお客さんはもちろん、上司・同僚・部下との日常会話やコミュニケーションの取り方もおろそかにできないのは当然です。

ひと昔前と違い、どの職場でも、上司・先輩・後輩の女性の数が増えました。男性にとっては何気ない会話にも、気づかいが必要となります。言葉づかいやら振る舞い方やら身だしなみやら、日々神経をすりへらしている人も多いはずです。

そこで、ここでは職場でどうすれば印象のよい話し方になるかを考えていきたいと思います。

「反面教師」という便利な言葉がありますが、そのお手本というべき人物は組織内に事欠き

ません。そう、あなたの身近なところにもきっといるはず。まずはそういう人の日々の言動を思い浮かべてください。浮かべたくもないかもしれませんが、その人は、こういう言動をすれば嫌われるということを端的に教えてくれています。

その人物は、たとえば朝礼で部下にこんなふうに檄をとばす茄子《なす》営業部長ではないでしょうか。

え〜、決算期を迎えたこの時期に業績が落ち込んでいることで、本日、茗荷《みょうが》社長から「もっとがんばるように」との訓示をいただき、私ども部課長はいっそうの努力を誓ったところであります。なかんずく営業の諸君には、これまで以上にがんばっていただきながら、利益拡大に向けて昼夜を問わず働いていただきたい。昨今、ブラックとかホワイトとかいろいろ言われていますが、そこはみなさんの良識をもって対処していただきたいと思うのであります。

残念ながらこれでは部下の労働意欲は失われる一方でしょう。この茄子部長は基本的に上から目線で、業績が悪くて社長からハッパをかけられたから、お前たちは会社のために昼夜を問わず働けと、ずいぶん乱暴なことを言っています。そのためにどうしたらいいかの提案もなければ、部下への思いやりもありません。多くの部下はこれを聞くふりをしながら、腹のなかで「フン!」と思っているはずです。

いっぽう、同じ会社の瓜《うり》営業部長はこの日、部下の前でこう言いました。

日々売り上げ向上にむけ仕事をされているみなさんにお伝えすることがあります。今朝の役員会で茗荷社長から「業績が去年と比べて落ちている」との報告がありました。そうはいっても、みなさんが日ごろ努力されていることは社長もよくご存知です。このあと営業部門を中心に話し合いをもちますが、今まで通りの明るい職場を維持しつつ、業績を少しでも上げるためにどんな工夫ができるかを検討してください。よろしくお願いします。

茄子部長とどこが違うか、もうおわかりだと思います。まず社長の訓示を瓜部長の言葉に置きかえて日ごろの部下の努力を認め、ねぎらっています。そして、現在の職場の雰囲気を肯定して、今後の業績回復にむけた対策をみんなで考えていこうと呼びかけています。こういうふうに言われたら、部下たちも、よし、瓜部長と一緒になって業績を伸ばそう、がんばろうという気になるでしょう。

やみくもにもっと働けと迫る茄子部長からは、ねぎらいの言葉もありません。「口に出さなくともオレが部下の努力をちゃんと評価していることは彼らだってわかっているはずだ」と思っているとしたら、大きな勘違いをしています。思いは言葉に出して言わないかぎり、絶対に伝わらないからです。言わなくてもわかっているだろうと思うのは、ただの傲慢です。

●嫌われる人の言葉〈年上・上司〉

オレの若いころとくらべると、何かが足りないんだな、お前たちは。まあ、目上の者に対する尊敬というか、相手を思いやる言葉が足りない。たとえば、みんなに仕事を割り振っているのはオレだろう。オレがお前たちくらいの年齢のときは、部長から仕事を言われたら「ありがとうございました。粉骨砕身がんばります」と言ったもんだ。それが、今はどうだ。今朝、仕事をそれぞれに命じたら「そうですか」とか「ラッキー」「私はこの仕事は苦手です」ときたもんだ。もう呆《あき》れてモノが言えないよ。

こんなふうに部下に説教をする上司がいたら、部下の人に同情するしかありません。部下を叱るとき「オレの若いころ」というのは禁句です。たとえお酒の席でも、やめておいたほうが賢明です。そのフレーズを聞いて、素直に反省する人がいるとは思えないからです。反発されるだけの言葉なら言わないほうがいいに決まっています。

そもそも「オレ」というぞんざいな一人称を使うことからして上司失格でしょう。「呆れてものが言えない」のは叱られているほうで、そんな上司は「早く定年になって、いなくなれ」と思われてもしかたありません。

ただ、「オレの若いころ」の禁句を振りまわす上司の言い分にも三分の理があるとしたら、上役や目上の者に対する言葉づかいや態度がなっていない若手社員が少なくないのも事実だからです。

●嫌われる人の言葉〈年下・部下〉

「じゃあ私が悪いと言うのですか、違いますよ」

「そんなこと、僕に言われてもしょうがないですよ、その企画を最初に思いついたのは課長なんですから」

「しかしですね、しょせんこの企画はダメですから、私に言われても」

与えた仕事が首尾よくいかず、「キミの思慮が足りなかったのではないか」との指摘にこんな言葉が返ってきたら、上司としては心おだやかにいられるはずはありません。

なにしろ昨今の若手は「僕は悪くない」という自己弁護が大好きです。それが、社会経験を積み、さんざん理不尽な思いも味わってきた上司には癪《しゃく》にさわってしかたがない。かといって、口をとがらせて自己弁護に終始する若手社員をまさか張り倒すわけにもいかず、ぐっとこらえます。でも、この我慢は別の機会にはけ口を求めて噴出することになります。

そんな部下たちをあずかっている部課長との飲み会で「あいつはどうにもならん」と愚痴をこぼす程度ならまだしも、人事査定の際に「あの野郎」とばかり、思いきりバツをつける。そうなっても、なんの不思議もありません。

そういう目に遭わないためにも、上司から叱責されたときには、自己弁護を押し殺して、その場にふさわしいフレーズを口にすることです。

「懸命にやってみましたが、今回は力不足で浅はかな面があったようです」

「次も精魂こめてやってみますので、チャンスをください」

嘘でもよいからこう言ってください。そうすれば、できた上司なら「今回は残念な結果だったが勉強になっただろう。責任はこっちがとるから、同じ過ちはしないように」と言うはずです。

もうひとつ、仕事が失敗したことを上司に報告するときは「あまりよいお話ではないのですが」とか「残念なお話ですが」などの枕詞《まくらことば》をつけることをおすすめします。これがあるのとないのでは、受けとめる側のリアクションが違ってきます。クッション言葉ともいわれますが、悪い結論にもっていくための「予告枕詞」はあったほうがいいに決まっています。しおしおと頭《こうべ》を垂れて「残念な報告をしなければなりません」と切り出されれば、少なくとも上司は頭ごなしに怒鳴りつけることはできないでしょう。「そうか、ダメだったか」と、おだやかに上司にさとらせるのも部下のつとめです。

人を見たらホメよ

どの職場にも反面教師とすべき上司や部下はいるはずですが、そのいっぽうで、周囲から慕われる人や、誰からも好かれる人がいます。こういう人の言動には、ある共通点があります。

それは、他人の悪口を言わずに必ずホメることです。赤ちゃんだって、恋人だって、奥さんだって、老人だって、ホメられると、みんな嬉しくなります。能力、性格、容貌、服装、仕事ぶり、趣味、特技……。なんでもいいから、ホメる。その場合、できれば本人も気づかないところをホメてあげると、効果は倍増します。

とくに相手が女性の場合、単純にホメるよりも、ひと工夫加えたほうが喜ばれます。たとえば「そのセーターのピンク、キミのあったかい人柄とよく似合ってるねえ」とか。これならファッションと性格を両方セットでホメたことになるので、2倍喜ばれるかもしれません。

あるいは「キミの笑顔に会うと、こちらまで元気になるね」とか「キミの笑顔のおかげで仕事がはかどるよ」というのはどうでしょう。単純に「笑顔がいいね」と言うよりも数段喜ばれるはずです。

なかには、どうにもホメようのない人もいますが、そういう人こそ、どこかいいところを見つけだしてホメることです。なぜなら、ふだんホメられたことのない人がホメられると、非常に効果があるからです。

「お、ネクタイの趣味がいいな」でも「爪の先がきれいだね」でもいいから、何か見つけてホメる。それは、私はキミのことをちゃんと見てるよ、というメッセージであり、もっといえば相手の存在を認めているという表明です。

人を見たら泥棒と思え、ではなく、人を見たら何かホメよ、です。ホメればホメた分だけ、自分のファンを増やすことになります。

相手の欠点を指摘するときも、まずホメるところを決めてからにしてください。まずホメて、会話があって、そのうえで直すべき点や言いづらい話をしたら早々に切り上げるのがベスト。ホメることが緩和剤の役目をします。

ただ昨今は、セクシャルからはじまってパワー・モラル・アルコールなどさまざまなハラスメントが問題となる社会です。一昔前なら当たり前に使えた言葉が、相手によっては地雷を踏む言葉になっていますので、言葉選びにはお気をつけください。

茶坊主になるなかれ

上司は部下をいくらホメてもかまいませんが、その逆は問題があります。部下が上司に一も二もなく従いホメあげるのはおべんちゃら、それをいつもやっている人を昔から「茶坊主」と言います。どんな組織社会にも必ず存在する人種です。言ってみればホメ上手の達人ですが、上司限定なのが欠点です。

おもしろいもので、茶坊主（イエスマン）で歩んだ人は、自分が上に立っても茶坊主を周りに配置します。居心地がよいのでしょうか。しかし、いつのまにか裸の王様になってしまっていることに気づきません。

一国一城の存亡を担った戦国時代の殿様はいくつもの重大な決断に迫られたに違いありませんが、そのとき家臣が茶坊主ばかりだったら、ひとたまりもなく国は滅びます。現代の会社組織を守るためにはイエスマンだけでなく、耳の痛いことを進言する、上には目障りと映るような者が育っていないと、もしものときに会社は崩壊しかねません。

茶坊主も組織のなかのひとつの生き方ですが、同僚の目には見苦しく、ときに滑稽であることは自覚しておいたほうがいいかもしれません。

プレゼンで大切なこと

職場に笑顔は大切です。むっつりした顔で仕事をするよりも笑顔のほうがよいのは当然ですが、私はプレゼンテーションなどで人前に立つときも、特別深刻なテーマでもないかぎり、笑顔が大切だと思っています。

それはプレゼンで多くの人に自分のプランを伝えることの喜びの笑顔であり、「時間をいただき感謝しています」の思いを込めた笑顔です。

最近ではプレゼンにプロジェクターやパソコンを使うのが当たり前になり、そのためのデータを準備するのに多くの時間と労力が割かれるようになっています。しかし、どうかすると、そうしたパソコン画面上の作業ばかりにウエイトがおかれ、肝心の語りがおろそかになっていないでしょうか。パソコンはデータをわかりやすく見せてくれますが、出席者の気持ちまでは動かしてくれません。

その場の人たちをその気にさせるのは、なんといってもプレゼンターの語りです。そこで、プレゼンをするときに大切なのは、

①話す順番を決めること
②ゆっくり話すこと
③結論を明確に

の3つと心得てください。とくに③の結論が重要であることは言うまでもありません。

そして、繰り返しになりますが、このとき忘れてほしくないのが笑顔やいきいきとした表情です。無機質なパソコンデータが幅をきかすようになっているからこそ、話し手の表情や息づかいが重要なのです。それがあるのとないのでは、聞き手に訴えるものがまるで違うはずです。

社内の歓送迎会で突然指名されたら

もっとも、職場において大勢の前で話す機会は、会議やプレゼンばかりではありません。もう少しくだけた席、たとえば同僚の歓送迎会で突然、「おい、同期の佐野クンよ、キミも何かメッセージを」と上司から指名されることがあります。

こういうとき、あわてないためにも事前にネタのひとつも用意しておきたいものです。この場合、ネタというのは歓送迎会の主役である彼や彼女と共通の体験やエピソードですが、ここで少し注意が必要なのは、エピソードというのはそれだけ切り取って話をしても、さほどおもしろくないことです。あくまで全体の話の流れがあって、そのなかで語られて生きるのがエピソードです。

ですから、いきなりエピソードからはじめるのではなく、別の話からはじめる。こう言うと、何の話から入ればいいのかと思うかもしれませんが、自分の得意分野の話から入ることをおすすめします。たとえば私だったら、山の天気の話から入ります。

「みなさんもお聞きになったことがあると思いますが、山では天気がよく崩れるんですよ。以前、八ヶ岳に行ったときに――」

というぐあいに最初に少しだけ山の話をしてから、

「じつは人間関係や友情も同じで、気をつけないと、すぐに崩れちゃうんですよね」

と、つないで、

「ボクも、ささいなことで衝突したことがありましてね。彼、ああ見えて、けっこう頑固で、言い出したら聞かないんですよ」

ここで具体的なエピソードを披露。あまり知られていない本人の一面などに触れて、聞き手をひきつける。そのうえで、

「でも、今日こうしてまた彼とうまい酒が飲めるようになったのは、彼の表裏のない人格と、ボクが少しだけ大人だったおかげで……」

というように、あまりベタベタにならない程度に持ち上げて締める。

以上を整理しますと、

①自分の得意分野の話から入ってペースをつかむ

②具体的なエピソードを披露して聞き手をひきつける

③最後にホメて終わり

というのが基本パターンです。

雑談の苦手な人は

ところで、コミュニケーションにおいて人は２つのタイプに分けることができます。それは雑談の得意な人と苦手な人です。

雑談の得意な人は、大勢の人たちが集まる場で例外なく人気者です。雑学知識が豊富で、どんな話題にも乗ることができ、人を観察する能力に長《た》け、おまけに話をおもしろく操ることができる。こういう人はパーティでも必ず人びとの輪の中心にいます。

いっぽう、雑談の苦手な人は、初対面の人が多いパーティなど、なるべくなら欠席したいと思うでしょう。そういう場に行くと、輪の端っこに辛うじて加わることになります。

顔は知っていてもつきあいの薄い人や、まったく初めて会う人との会話をどうすればよいか。雑談の苦手な人にとって、これはなかなかしんどい問題です。そういう人は会話よりも、まずは「笑顔」を心がけてください。そして笑顔で名刺交換をすませたら、あとは聞き手に回りましょう。これなら楽ですし、話の輪からはずれることもありません。

じつは私もサラリーマン時代、雑談の席が苦手でした。酒が飲めず気の利いた冗談を言って周囲を笑わせることもできない私は、いつも席の隅で、ほかの人の話に適当に合いの手を打って苦痛な時間をやりすごしていました。会の仕切り役が気をつかって、こちらに話題を振ってくれても、おもしろい話は提供できず、輪の主役はすぐにほかの人に移ってしまうのが常でした。

こういう席は、私にはもっとも行きたくない場所でしたが、それでも毎回参加だけはしていました。他愛のない与太話でみんなと一緒に喜んでいればそれでいいと、ひたすら聞き役に回っていたのです。

じつはこの聞き手に回るというのは、職場の処世術としても有効なやりかたです。

社会人にとってコミュニケーションが難しいのは、実はオフィスよりも飲み会の席です。なぜなら、その場にいない誰かの悪口は酒の格好の肴《さかな》であり、おおいに盛り上がるからです。

悪口はいわば職場の華で、しかもその場の連帯感を強める作用があります。だから、ひとりが言いはじめると、つい、われもわれもと調子に乗って「あいつのこの話、知ってる?」「課長から聞いたんだけどね」などと悪口のてんこ盛りになってしまいます。

ところが後日、悪口の摩訶《まか》不思議世界を味わうことになります。あのとき、誰がどんな内容を言ったのか、本人の耳に入り、恨まれたこともありました。

信用のおけるメンバーの集まりだと思っていても、なぜか本人に悪口が伝わってしまう。仲間うちの内緒話にはつねに危険が潜んでおり、他人の悪口はどんな場合も言わないに越したことはありません。

とはいえ、その場が盛り上がっているのに、ひとりだけ聖人君子のごとく振る舞うこともできず、悪口に加わらないと、今度は自分がつまはじきにされてしまいます。

そういうときこそ、聞き役に回ることをおすすめします。

「へえ、ほんと?」「それで、どうしたの?」「ふーん、知らなかったなあ」。こんなふうに合いの手を打っていれば、その場のみんなから、どんどん悪口が出てきますから、自分からは言わなくてもすみます。

いってみれば悪口の引き出し役で、ずるいといえばずるいのですが、その場の盛り上がりに加わっていながら、自分からは悪口を言わないのですから、賢いやりかたです。

ホメ言葉も悪口もブーメラン

ただ、他人が誰かの悪口を言うのを聞いていれば、自分も言いたくなるのが人情というものです。やめておこう、言うまいと思っていても、つい口をすべらせてしまう。悪口にはそんな魔力があります。まして、お酒の席ならば口も理性もゆるみがちです。

ですから、注意していても、ついその場の空気に乗せられて悪口を言ってしまうことはあると思います。そういうとき、ぜひ覚えておいてほしいことがあります。それは、誰かの悪口を言ったときには、必ずホメ言葉も加えておくことです。

「ただね、あいつにもいいところがあってね」とフォローしておく。ブーメランのように返ってくるのは悪口だけではありません。ホメ言葉もブーメランです。ちなみに、ホメるとき「ここだけの話」とか「みんなには黙っていて」のひと言を添えると、私の経験則ではブーメラン効果が2〜3倍になります。秘密はみんな好き、だから聞いた人は必ずしゃべります。そこが狙い目なのです。

最低限の敬語をマスターしよう

言葉というのは、よくも悪くも生き物です。悪口がひとり歩きするのもそのせいですが、相手に対する思いがあれば、あまり形にとらわれなくてもちゃんと伝わるのが言葉です。

日本語には通常使われる表現のほかに、敬語というものがあり、その敬語も尊敬語・謙譲語・丁寧語の3種類に分かれます。ですから、本当にきちんとした日本語を身につけるのはなかなか大変です。

もちろん失礼があってはいけませんが、話し言葉の場合、あまり丁寧すぎるのも考えものです。だいたい敬語の使い方にこだわる人や過剰に反応する人は、国語学者を除けば、心の狭い人が多いように見受けられます。基本的には目上の人に対して、丁寧な言葉で話そうという気持ちがあれば問題ありません。

敬語とは相手を高めるためのルール、尊敬していれば丁寧な言い方になるし、自分が一歩下がって遠慮すれば謙譲という敬語になります。

ですから、ここでは3つだけ覚えることにしましょう。これだけちゃんと使い分けられれば日常のコミュニケーションにはそう支障はありません。

●見る

（尊敬語）見られる／ご覧になる

（謙譲語）拝見する

●聞く
（尊敬語）聞かれる／お聞きになる
（謙譲語）うかがう／拝聴する
●行く
（尊敬語）行かれる／いらっしゃる
（謙譲語）参る／うかがう

敬語は気持ち次第です。文法的に違っていても敬う気持ちがあれば伝わります。

方言ほど強い武器はない

誤解のないようにつけ加えますが、私はけっして敬語を軽んじているわけではありません。ただ、もし敬語を完璧にマスターするだけの情熱と時間があるのなら、方言をひとつでもふたつでもマスターしたほうが実際のコミュニケーションの場で役に立つと思っています。

私はＮＨＫ時代、松江放送局を皮切りに、札幌、名古屋、宮崎、水戸などの各地を赴任しましたが、おかげで方言のもつ魅力を知ることができました。駄洒落が場をなごますのに効果的であるように、お国なまりの方言も素晴らしいアイテムだからです。

といっても、標準語とあまりにもかけ離れている方言は、当地出身者にしかわかりません。そこで、なんとなくニュアンスでわかるような方言を選んで使うと、その場の空気がなごみます。たとえば街中をセールスで歩いていて、あまりにも暑くてしんどいときなど「よだき〜」と声を出せば、「うん？　なんだ、それ」と言われるでしょう。説明すると「いや、そうだよなあ」と同意の返事から、話はふるさと方言談義に発展するに違いありません。

会社で会議が行き詰まったときに何気なく「これからどうなるッペよ」と言うと、会議室を覆っていた重苦しい空気がいっぺんにほぐれ、明るい雰囲気に変化します。

ちなみに「よだき〜」というのは、大分県や宮崎県の方言で、しんどいとか面倒くさいという意味。語尾に「ッペ」がつくのは、茨城弁に代表されるユーモアに富んだ言い方です。

方言は宝物です。苦しくて困ったときには、ありがたい水戸黄門様の紋所になります。

ただし、大阪人の前で聞きかじりの大阪弁を使うのはやめておいたほうが無難です。「お前、それ、ちゃうで」と、てきめんにツッコミを入れられるのがオチですから。

〈話しベタ解消7ヵ条〉

第1条　結論から話しはじめるべし
（結論の後は理由を言わねばならない）

第2条　暗記はダメ、キーワードメモに慣れるべし
（何回も失敗しそれでも挑戦する、繰り返しで成長する）

第3条　下を見ず、堂々と話しはじめるべし
（誰でも最初は不安だらけ、そこを通過すると新しい自分に出会える）

第4条　うなずいてくれるひとりの人に向かって話すべし
（日常に近い自分の言い方で、少しだけ丁寧に笑顔で話せ）

第5条　早口になるな、子どもに向かって話すようにゆっくりと
（余裕をもってゆっくりと、相手が理解したかを顔を見て判断）

第6条　格好つけるな、背伸びをするな、他人と比べるな
（精一杯準備した内容を、一生懸命伝えれば充分）

第7条　60点とれればいい、同じ失敗は2度はしない
（満点をねらうな、70点で充分。60点で自分にふさわしい）

〈コラム〉鼻濁音で美しい発音を

ガ行音、すなわち「が・ぎ・ぐ・げ・ご」には、2つの発音があることをご存じでしょうか。ひとつは濁音、もうひとつが鼻濁音《びだくおん》です。

鼻濁音というのは、ガ行音を発音するとき、鼻に抜けるよう「ンが」「ンぎ」と発音する音のことです。つまり、同じ「が」でも「ンが」と発音する場合があるということです。日本語に使われる「が・ぎ・ぐ・げ・ご」を全部濁音で発音すると耳ざわりで聞いていて耐えられなくなります。しかしこの鼻濁音を使うと、美しく聞こえます。

では、どういう場合に「が」が「ンが」になるかというと、原則としてガ行の音が単語の途中や最後に出てくる場合です。たとえば小学校、大型、参議院、釘などがそうです。それから「〜ですが」の「が」も鼻濁音です。

これに対して言葉の最初に出てくる場合は鼻濁音にせず、ただの濁音です。学校、楽器、義理、強盗などがそれにあたります。

ただ、地方によっては鼻濁音を発しないところもあり、まったく知らなかったという人もいるはずです。

この鼻濁音のマスター方法は、鼻濁音に印を付けて、その音を口にする前に「ン」を入れて発音することです。大型「おおンがた」、～ですが「～ですンが」という具合です。

これを意識してやると、けっこう簡単にできますが、慣れるまではどこに鼻濁音が隠れているのか判断がむずかしいので、ゆっくりマスターしてください。前述した滑舌の声出し練習の最後に「ンが・ンぎ・ンぐ・ンげ・ンご」もお忘れなく。

なお、「プログラム」「イギリス」などの英語や外来語が日常会話で当たり前に使われますが、これらは濁音です。「グリグリ」「ゴロゴロ」といった擬音も同様です。

時代とともに言葉づかいも人の感性も変化してゆきます。やがて「鼻濁音はなくなる」という言語学者もいますが、だからこそ貴重な鼻濁音を大切にする人が増えてほしいと私は思います。以上、古い人間の繰り言におつきあいいただき、感謝いたします。

ちなみに「繰り言」の「ご」は鼻濁音の「ンご」になります。

#【第二部　聞き方編】

第五章　じつは聞くほうがむずかしい

世の8割は話したがり

ここから【聞き方編】に移りましょう。

最初に自信をもって申し上げたいのですが、世の中のざっと8割の人は「話したがり」です。誰かに自分の話を聞いてほしいと思っている人が世間の大半を占めているということです。

こういうと、そうだろうか、自分は話しベタで、だからこの本を手にとっているのに、と思うかもしれません。しかし、おしゃべり、口ベタに関係なく、多くの人は話したがりです。他人に話したいことや聞いてほしいことを胸のうちにもっていて、そこを突かれると、にわかに話しはじめます。

つまり、人は話しはじめるツボをもっている。したがって、そこをうまく突くのが聞き手の役割ということになりますが、それについては後ほどにしましょう。ここでは、まず多くの人が「話したがり」であることを覚えておいてください。

さて、人は基本的に話したがりであるということは、口ベタの人にとっては朗報でしょう。自分から話さなくても、聞き手に回っていれば相手が話してくれるからです。話すのは苦手だが、聞き役なら心配いらないと思う人も多いはず。話すことにくらべたら、聞くのはずっと気が楽だ、ハードルは低いと思うのはよくわかります。

しかし、ここに大きな誤解があります。話すことと聞くこと。コミュニケーションを成り立たせているこの2つで、よりむずかしいのは「聞く」ほうだからです。

聞き上手は人から喜ばれます。それは世の中に話したがりのほうが圧倒的に多いからです。だから、少数ですが聞き上手の人が周りにいると、多くの人は気分よくしゃべることができる。

では、なぜ聞き上手は少ないかというと、そもそも「聞く」ということがむずかしいからなのです。

聞き役に欠かせない忍耐力

聞き役に回るというのは、けっしてやさしいことではない。だとすると、その理由は何でしょうか。答えはこの章の冒頭に書いています。そう、「8割の人は話したがり」だからです。

8割の人は話したがりならば、聞くほうは楽ではないかと思うかもしれませんが、問題は、その8割の話したがりのなかに、あなた自身も含まれている可能性があることです。自分は口ベタだし、聞き役ならなれそうだと思っているあなたも、なかなかどうして、じつはけっこう話したがりだったりする。

実際、聞き手に回るつもりだったのが、気がつけばついつい自分のことをしゃべってしまったという経験をもつ人は多いと思います。聞き手がおしゃべりをしてしまっては、会話は成り立ちません。

以前、民放の報道番組で視聴者の質問を電話で受けて、それに専門家が答えるというコーナーがありましたが、あまり長く続かなかった覚えがあります。視聴者の質問が長くなりがちで、どうかするとそれは視聴者の意見表明のようになってしまい、キャスターの木村太郎さんがたびたび「ご意見ではなく、ご質問を」と注意を促していた姿が印象に残っています。

こういう番組に電話をしてくるのは、素人でも社会に対して一家言《いっかげん》ある人たちですから、質問のつもりがついつい意見に転換してしまうのでしょう。

もっとも、聞き手のプロであるはずの記者やアナウンサーとて、こういう過ちをおかす例は多いのです。インタビューに出向き、自分の意見を滔々と述べて、おれは優秀だろうとばかり意気揚々と帰ってくるおめでたい記者。勉強熱心で事前にあれこれ入念に調べあげ、取材先でこれはかくかくこういうことですね、と調べた情報を確認して、相手が「はい、そうです」と答えると「ありがとうございました」と言うアナウンサー。取材された相手はアナウンサーや記者の質問に「はい、そうです」と答えるしかなく、新たな情報は聞き出せないまま、終わってしまうことがままありました。

人に話を聞くのが仕事の記者などでさえこうなのですから、一般の人にとって「聞く」というのはけっしてやさしいことではありません。もうおわかりと思いますが、よき聞き手になることを阻害しているのは、あなたのなかにある「話したがり」の部分です。

多くの人は、自慢したい、認められたい、ホメられたい、感心されたい、といった「したい」「されたい」の願望を胸の奥に秘めています。それがまた聞き手にもいえるのです。他人の話というのはある種の刺激剤で、それにふれると、つい自分の話もしたくなります。オレの体験のほうがおもしろいぞ、とか、あんたはそう言うが、私はそうは思わないなどと「言いたい病」にかかってしまうものです。

それを封印することから聞き役の仕事がはじまります。そういう意味では、聞き役に必要な能力は、まず忍耐であるというべきでしょう。

素直にすごいなあと思えるか

聞き手にとって忍耐の次に大切なのは、格好をつけないことです。

最初に述べましたように、私はNHK『ラジオ深夜便』という番組の「明日へのことば」というコーナーで、かつて200人以上の人にインタビューをしてきました。この仕事で私は格好をつけないことがとても大切だと学びました。

このインタビューに出られる方は、いわゆる有名人もいますが、多くは一般には知られていない人です。知られていないけれども、それぞれの分野で立派な仕事をされてきた、ひとかどの人物ばかりです。そういう人を見つけて出演交渉から自分でやってきました。

相手が有名人でもそうでなくても、その人が自分よりも年上でも年下でも、私は同じようにインタビューをしてきました。格好をつけないで、相手を敬う気持ちでお話をうかがいました。

その人がひたむきにやってきたこと、あるいはその生き方に対して、すごいなあと素直に尊敬する。実際に番組に出てこられる人は、みなそれぞれにすごい人ばかりですから、これはごく自然な私の思いでもあるわけです。ですから、どの人に対しても、素直にすごいなあと思いながら話を聞くことができました。

そういう気持ちがあると、おのずと「それについて知らないので教えてください」というスタンスになります。すると、人は根本的に話したがりですから、喜んで話してくれます。なにもへりくだる必要はありませんが、こちらが素の状態になってシンプルに教えを乞《こ》う、知らないことを教えてもらうというスタンスは、聞き方の基本スタイルだと思います。

そのとき、けっして知ったかぶりや背伸びはしないこと。それをすると聞き手の底の浅さを見られているようで、私は恥ずかしい思いも何度もしたものです。

次の質問を考えるのに気をとられ、相手の話をよく聞いていなかったり、それなら自分も知っているとばかりに話を奪い、相手を「はい、そうですね」しか言えない状態にしてしまったり。自分を格好よく見せようとして結論を先走ったり、意味のない質問もしてきました。

こうした数々の失敗を経験して、のちにインタビュアーとして大切なことを知るにいたりました。それが**「格好をつけないこと」**だったわけです。

人生経験が聞き上手をつくる

若いころはえてして背伸びをしたり力んだりしがちですが、インタビューで「この人の本音を聞き出してやろう」と張り切っても、うまくいかないものです。こちらが力むと相手は警戒して建て前を繰り返すばかりで、かえって本音を明かしてくれません。

相手に口をひらいてもらうには、まずこちらが力を抜くことです。力を抜いて相手に対して感謝の念をもつことだと私は思っています。話を聞かせていただくことに感謝の思いをもってインタビューに入る。いつのころからか、そういうふうになりましたが、これは若いころにはできなかったことです。

年齢とともに身についたのは、そればかりではありません。誰でも年齢をかさねれば、さまざまな経験を積み、聞き手としての質問に厚みと広がりが出てきます。

【話し方編】では人に話をするとき、さまざまな経験が役に立つことを述べました。これは聞くときも同じです。人生経験を積んだ人は、話を聞いたときの確かなリアクション、それによる話し手が感じとる手ごたえが全然違います。さまざまな経験を積むことで相手の話に共感できる領域が広がり、その人の思いや感情の襞《ひだ》まで理解できるようになる。

インタビューを受ける側は自分の話が相手のなかに入っているかどうか気になるものですが、若いインタビュアーだと、こいつ、どこまでわかっているのかなと不安になりがちです。その点、ベテランのインタビュアーなら、確かな手ごたえを感じつつ話ができる。相手の話にうなずいて、「なるほど」「そうですか」と相槌《あいづち》を打ちますが、そのうなずきや相槌に共感力がある。この違いは何かといえば、人生経験の厚みの違いです。

こういうベテランが聞き手だと、話はより深いところに入っていきますが、こうしてみていくと、インタビューは年の功によるところが大きいことがわかると思います。

一生懸命に聞くことの大切さ

ならば、若い人や人生経験のとぼしい人は、よき聞き手になれないかというと、そんなことはありません。人生経験うんぬんの以前に大切なことがひとつあり、それは真剣に一生懸命に話を聞く姿勢です。

これは『ラジオ深夜便』のインタビューで何度も経験していますが、相手の話を一生懸命に聞いていると、やがて話し手が夢中で話しはじめる時間が訪れます。聞き手が自分の話を真剣に聞いてくれているとわかったとき、話し手は思いの丈を話すようになる。そういうものです。

こうした場合、話し手は話し終えて、ふと我にかえり、夢中になって話してしまったと気づいて冷静になります。そして「つい、口をすべらせてしまったなあ」と頭を掻《か》いたりすれば、聞き手はその役割を充分に果たしたといえます。

その人が夢中で話をしたのは、ひとりで勝手にそうなったのではなく、聞き手がそのようにさせたからです。そのときもっとも重要なのは、聞き手が巧みに話し手を乗せたというテクニックではなく、相手の話に真剣に耳を傾ける姿勢です。一生懸命に聞く相手には、話し手もまた一生懸命に話すということです。

聞き上手が得られる特権とは

一生懸命といえば、【話し方編】でも、うまく話そうとせずに一生懸命に話すことが大切だと述べました。話すのも聞くのも一生懸命さが相手の気持ちを動かすのです。

そのうえで、聞き上手な人は話し上手にはない「ごほうび」が得られることをお伝えしておきましょう。

聞き上手の人にかかると、話し手はつい口をすべらせて余計なことを言ってしまうものです。誰かの噂話や悪口など、ネガティブな話は聞き手の胸にしまったままにして他言しないことです。医者の守秘義務と同様に、聞き上手も口を固くする「モラル」があったほうがいいと思います。というのは、それによってあなたの信用度が上昇するからです。

どういうことかというと、うっかり口をすべらせた当人は、あとで「しまった」と思っているはずです。口に出してしまったことは取り消すことはできません。ですから、そこであなたが聞かなかったことにして黙っていると感謝され、その人のなかで、あなたの信用度が間違いなく上がります。

聞き上手は、人の話を聞くだけでありがたがられるうえに、口を固くすることで感謝されるわけです。これは聞き上手に与えられた特権というべきでしょう。

以上、この章では聞き上手になるための基本的な心構えを中心に述べてきました。これをふまえて次章では、実際のやりとりのなかで聞き手にふさわしい言葉やふるまいについて具体的に説明していきましょう。

第六章　人はどうすれば話しはじめるか

目からウロコの話

『ラジオ深夜便』でインタビューした約200人の人たちは、みなそれぞれに自分の話し方でみずからの半生や生き方について語ってくれましたが、そのなかには思いもよらない話を披露してくれる人もいました。

「昔の蒸気機関車はトンネルに入ると、運転室は煙突の煙が充満して息もできなくなるんです。そんなとき乗務員はどうやって息をしていたと思います？」

インタビュー中、逆にそんな問いかけをしてきたのは、かつて国鉄（現・JR）の機関士として蒸気機関車の乗務を長年つづけた、愛知県春日井市にお住まいの川端新二さん（88）でした。

川端さんは、戦時中の1943（昭和18）年に国民学校高等科を卒業して国鉄に就職し、蒸気機関車の掃除をおこなう庫内手として働きはじめたそうです。その後、機関助士見習いとなって念願の蒸気機関車の乗務員になるのですが、当時は明治時代に掘られた狭いトンネルが各地に残っていた。そうしたトンネルにD51などの大型機関車が入ると煤煙《ばいえん》が容赦なく運転室を襲い、乗務員を苦しめたそうです。

実際に一酸化炭素中毒になったり、なかには窒息して命を落とす乗務員もいたそうですが、そんなトンネルのなかで彼らは命をつなぐためにどうやって息を確保していたか。

その方法がおわかりですかと、彼は問いかけてきたわけです。そんなことを聞かれても皆目見当もつきません。さあ、さっぱりわかりませんと首をひねる私に教えてくれた答えは、私の想像をはるかに超えるものでした。

「蒸気機関車の後の車両には、ほら、石炭がたくさん積んであるでしょう。じつはそのなかに空気が含まれているので、そこに顔を突っ込んで息をしたんですよ」

これにはさすがに驚きました。なるほど、砂の山には空気はないでしょうけれども、ゴツゴツした石炭の山なら空気がある。そのわずかばかりの空気を機関士は代わる代わる吸って息をつなぎ、機関車を動かしていたというのです。

現在なら労働安全上おおいに問題のありそうな話ですが、蒸気機関車が動力輸送の主役だった時代、そんなことが当たり前におこなわれていた。それよりもなによりも、石炭の山に含まれている空気にすがって機関車を動かしていたという知られざる鉄道秘話にふれて私は驚き、深い感慨を覚えたものです。

インタビューという生き物

それにしても、なぜこの元機関士の川端さんは、こんな話をはじめたのでしょうか。もちろんインタビューをはじめて、すぐにこの話になったわけではありません。

それどころか、インタビューがはじまった当初コチコチで「はい、それについてはこうであります」といった受け答えをされていました。このラジオ番組のインタビューに登場されるのは、しゃべり慣れた人ばかりではありません。放送メディアに登場するのは初めてという人も多いですから、生真面目な人ほど、こうした四角四面の受け答えになってしまいます。

そこで、私はいったんストップをかけると、笑顔で「肩の力を抜いて気軽におしゃべりしましょうか」と言いました。この番組のインタビューは、生放送ではなく録音ですので、いったん仕切り直しをして再スタートすることにしたのです。

いかにもぎこちなかった川端さんの口がなめらかに動きはじめたのは、あたりさわりのない質問を少ししたあとに幼少時の思い出について訊《たず》ねたときでした。「子どものころ、何になりたかったんですか」と聞くと、

「もちろん蒸気機関車の運転士ですよ」

と、ここからシュポシュポと機関車が煙を吐いて進むように話が転がりはじめました。

福井県で生まれ育った川端さんは、物心ついたころから北陸本線を走る蒸気機関車の姿にあこがれていたそうです。小学校にあがると、運転士をしていた同級生の父親のはからいで特別に機関車の運転室に入れてもらい、

「いやあ、もう、天にも昇る心地でしてね」

と当時の記憶を思い浮かべて目を細めました。それから国鉄に入ってからの話、機関車のメンテナンスや機関助士の苦労話をうかがったのちに、

「蒸気機関車の運転で、いちばん厄介なことは何ですか」

と聞いたときのエピソードが「石炭の空気」の話だったわけです。

テレビのインタビュー番組やトーク番組のほとんどは、事前に台本が用意されていて、それに沿っておこなわれます。厳密にいえば、これらはインタビューではなく、インタビューのふりをした話のやりとりの収録です。

しかし、この『ラジオ深夜便』のインタビューは、台本はもちろん、事前の打ち合わせもほとんどありません。人物さがしや出演交渉もインタビュアーである私が自分でやっていましたから、どんなことをされてきた方かはもちろんわかっています。でも、私の頭のなかに

は聞きたいことの大ざっぱな骨格があるだけで、質問項目をあらかじめ用意するようなこともしませんでした。

インタビューというのは生き物ですから、途中でどう転んでどんな話が飛び出すか、予測がつかないおもしろさがあります。あらかじめ用意した台本どおりに展開していくインタビューなど、おもしろいわけがありません。

いわば行き当たりばったりで、どう転ぶかわからない話に、素直に反応し、おもしろがっていたのが私ですが、そうしたなかで予想もしない話に出合う楽しみ。そんなインタビューの醍醐味を充分に味わわせてくれた出来事のひとつが元機関士の話だったわけです。

「原点」にふれる

あらためて、最初口の重かった元機関士がなぜにわかに話しはじめたかを振り返ると、子ども時代の話題がきっかけでした。「子どものころ、何になりたかったんですか」——この問いかけから彼の口調はなめらかになりました。

それは少年時代のあこがれと蒸気機関車が直結していたからですが、子どものころの記憶が引き金になってしゃべりはじめたのは偶然ではありません。というのは、多くの人にとって故郷の話題や幼少時の記憶は、話をはじめる共通したツボだからです。

故郷や子どものころの記憶は、人をふっと素直にさせる作用があるように思います。素直になり、身にまとっている殻がなくなると、人はしゃべりはじめるのです。

以前、NHKのBSで『ふるさと旅列車』という30分番組がありましたが、じつはこれ、私が企画した番組です。各界の著名人や芸能人に故郷に帰ってもらい、かつて通った小学校や遊んだ野山でインタビューをするという番組でしたが、故郷に帰ると、どの人も顔が変わります。童心に返るせいか、柔和なおだやかな顔になる。故郷というのは、そういう力をもっています。

故郷や子ども時代の記憶が人の口をひらかせる突破口になるのは、故郷というものが、それぞれの人にとって原点になっているからだと思います。この「原点」の部分にふれると、人は素直になり心をひらく。私はそのように考えています。元国鉄機関士の川端さんの場合、少年時代の機関車との出合いという、まさに原点にふれたことから一気に思いがあふれだしたわけです。

ですから、故郷の話でなくても、たとえば俳優さんに「なぜ役者になったのですか」とシンプルな質問を投げかける。いつ、どのようなきっかけでその道を志すようになったかは、その人の役者人生の原点を語ることです。「いや、じつは学生時代にね」などと語りはじめるとき、その人は殻を脱いで素直な姿になってくれているように思います。

つまり、インタビューというのは、おとなが知らず知らずのうちに身にまとった殻をいかに脱いでもらうかの作業であると言い換えることができます。

聞き手が脱げば相手も脱ぐ

ただ、話し手に殻を脱いでもらうのに、聞き手が着飾っていてはいけません。聞き手もまた必要に応じて自分をさらけだすことが必要です。

『ラジオ深夜便』の出演交渉で一度こんなことがありました。

そのときインタビューに出演してもらおうと思ったのは、むかし大学の山岳部でリーダーをしていた人物です。1962（昭和37）年、冬の大雪山《だいせつざん》に11人が登り、二つ玉低気圧と言われる台風並みの猛烈な暴風雪に襲われ、頂上（旭岳）付近で遭難、下級生の10人が亡くなるという悲劇がありました。このとき、両足に凍傷を負いながらリーダーだけがひとり生き残りました。

その人が元気でおられるのを知った私は、彼がその後の人生をどのように、どんな思いで歩んできたかを素直に知りたいと思い、出演交渉することにしたのです。

もちろん、この場合、「はい、承知しました」と二つ返事で快諾してもらえるような話ではありません。普通に依頼すれば、まず断られる公算が大きい。しかし、どうしても、この人に出てもらいたいと思った私は、電話でこう切り出しました。

「大雪山の遭難が起きた昭和37年の夏に、学習院大学のワンダーフォーゲルのメンバーが日高山脈で遭難した事故がありましたが、ご記憶でしょうか」

すると、その人は「ええ、知っています」とおっしゃったので、

「あのときのパーティのリーダーは、じつは私なんです」

と言いました。すると、電話のむこうの声が変わりました。

もう半世紀以上も前の話ですが、当時大学2年だった私は、仲間とともに日高山脈に登り、下山時、台風に襲われました。急激に水かさを増した川を見て危険だと判断しましたが、山に慣れている1年生部員が、ひとりで川を渡りはじめてしまったのです。「引き返せ！」と大声を上げましたが、濁流の轟音にかき消されて彼の耳にとどきません。増水した川の流れに抗いきれず、濁流にのみこまれていったのは、それからまもなくでした。

私は急いで下流岸に沿って彼を探します。さらに進もうとしましたが、その先は絶壁になっていて、それ以上進むことができません。どうすることもできず引き返しましたが、そのとき見た光景はあれから50年以上たったいまも忘れることができません。先ほど濁流で渡れなかった川に、まるで橋が架かるように虹が出ていたのです。それを目にしたとき、ああ、彼は逝ったんだなと思いました。そこから5キロ下流で遺体が見つかったのは翌日のことで

した。

遺体の捜索、警察の事情聴取、記者会見とあわただしい時間がすぎていき、私にとって永遠に忘れられない数日間になりました。

と、私自身そういう苦い経験をしていることを打ち明けると、「そういう方にでしたら」と承諾してくれました。現在も札幌で会社を経営されている野呂幸司さん（79）です。凍傷により両足首を残してその先を切断し、身体障害者として生きることになった野呂さんは、その後いっさいの弁明をすることなく、長年、遭難事故について沈黙を守っていました。そんな彼が私のインタビューに答えてくれることになったのです。

「聞く」ことが与えてくれる感動

11人のパーティのうち、野呂さんだけが生還した理由について、当人は「私に少しだけ精神力が残っていたからだと思います」と言いました。

生き残ったのがリーダーの自分ひとりだったことから罪悪感をかかえこむことになった彼に事件後、厳しい仕打ちが待っていました。大学卒業後、中学校の教師になった彼のもとに、亡くなった部員の父親が押しかけてきたそうです。

「授業中、いきなり教室の戸があいて『息子を返せ！』と怒鳴り込んできたのです。私の胸ぐらをつかみ息子の名前を呼びながら、がんがん叩くんです。『返せ、返せ！』ってね。毎日毎日、亡き息子のことを思いつづけ、いくら思い詰めても、その無念さのもって行き場がない。他のご遺族も大なり小なり同じ思いだったと思います」

野呂さんはそう話してくれました。

そうしたつらさを乗り越えて彼は、「亡くなった仲間10人の分も生きている」と言われるような生き方をしようと誓います。そして、好きだったスキーに打ち込み、義足の中の切断部の皮が剝《む》けて出血するほどの猛練習をかさねて、１９８４（昭和59）年のパラリンピックに出場するまでになります。

そんな彼に私はあえてこんな質問をしました。「山の魅力ってなんですか？」と。

彼はしばらく間をおいて、こう答えました。

「山では学ぶことがたくさんありました。道に迷ったり、戻ろうか進もうか、厳しい判断に迫られる。そんなときに自分の能力や手持ちの食料など、持っているものを最大限に生かして工夫をする。どんな困難にぶつかっても、必ず乗り越えられるんだという信念を私は山で得ました」

野呂さんは山で亡くなった10人の仲間の「黒い十字架」を背負って生きてきたと言っていましたが、その言葉が私の胸に深く刻まれています。

特異な経験をした人や興味深い半生を歩んでこられた人の話からは、心を動かされたり、多くのものを学んだりすることができます。

話すことと聞くこと。人生をより豊かにしてくれるのは「聞く」ほうではないかと思います。

私自身、仕事でインタビューをした人生の達人からじつに多くのものを学んでいます。みずからも被爆者でありながら、広島の捕虜収容所で被爆死した12名の米兵について40年かけて調べた森重昭さん（80）の話にも深い感銘を受けました。サラリーマンだった森さんは土日を使って関係者に聞いて回り、国際電話で米政府機関などに地道な問い合わせを続け、ついに12名の米兵の遺族をさがしあてるのです。

そんな偉業をなした森さんは、２０１６（平成28）年5月、広島を訪問したオバマ米大統領（当時）と抱擁したことで広く知られるところとなりました。なぜ原爆を落としたアメリカ兵のためにそこまでするのかと非難の声もありましたが、「戦争犠牲者に敵味方はないんですよ」と言う彼の言葉は心に響きました。

頑固職人を喜ばせた言葉

大雪山で遭難した野呂さんが過去の苦しい体験を私に話してくれたのは、山男どうし理解しあえる部分を共有していたことが大きかったはずです。

でも、多くの場合、話を聞く相手は自分とは接点のない人たちです。そこで殻を破るのに、どう突破口を見出すか。ひとつは前述の故郷や子どものころの思い出ですが、もうひとつ有効なのがホメ言葉です。

こういうとありきたりですが、人間、ホメ言葉に弱いのは真実です。寡黙な人、口の重い人もそれは同じです。

寡黙といえば職人とよばれる人たちはおしなべてそうですが、やはり『ラジオ深夜便』に出演してもらった釣り竿作りの名人、竿忠の中根喜三郎さん（86）もそうでした。最初に出演交渉に出向いたときは、

「ラジオのインタビューだ？　おらァ、べつに話すことなんかねえよ」

と取りつく島もありません。こういう場合は、あせらず時間をかけて相手と仲良くなることが大切です。

二度目に出向いたときに「中根さんの作る釣り竿、みなさん、使いやすいとおっしゃるそうですね」と中根さんを知っている人から聞いたことを話しました。すると、ん？　どこで聞いてきやがった、というような反応でしたが、まんざらでもなさそうなお顔です。誰でも人は自分の仕事をホメられるのをいちばん喜びます。一見、フン、素人が何を言ってやが

る、といった表情をしていても、内心喜んでいらっしゃると感じました。ホメられて喜ばない人はいません。それを素直に表に出すか出さないかの違いだけです。

こうして少しずつ打ち解けたところで、中根さんは、こう言いました。

「で、お前さん、いったいおれに何が聞きてえンだい？」

こうなればしめたもの。こういう言葉が出てくるのは、こちらに興味を示してくれた証拠だからです。そこで、私はすかさず言いました。

「日本一の釣り竿を作る名人の素顔、そして、人生ですよ」

やめてくれよ、そんなたいしたもんじゃないんだからさ、と言いつつも、もう気持ちは傾いています。結局「じゃあ、あんた、うまく聞いてくれよ」ということで出演を承諾してくれました。

女性のホメ方

職人が仕事をホメられると喜ぶのは、職人にとって作りあげるモノこそがみずからたのむところだからです。ですから、ホメるときは、その人が自負する部分をホメると、より喜ばせることになります。

もっとも、相手が男性か女性かによって、ホメ方やホメるところが違ってきます。結論からいうと、ホメることで心をひらいてもらうのがやさしいのは女性のほうです。

これはけっして女性を甘く見ているわけではないので誤解されると困るのですが、女性の場合、私の経験則からいって、容姿、若々しさ、ファッションなどをホメると、わりと素直に喜んでくれます。ただ、「おきれいですね」とか「いやあ、お若い」といったストレートな言葉ではなく、言い方に多少の工夫は必要でしょう。

「ダンスがご趣味で？　ああ、それでいつまでも若々しいんですね」

「笑顔がとてもステキでいらっしゃる」

「目がおきれいですね。みなさんから言われますでしょう？」

というぐあいです。

とくに3つ目の「目がおきれい」というようにホメるところを具体的に言うと、女性にはかなり高い確率で喜ばれます。

ただし、その場合、口から出まかせではなく、実際にちょっといいナ……と感じる部分を指摘することが大切です。そうでないと、真っ赤なウソであることがばれてしまいます。本当の部分がないとホメ言葉にならないことを覚えておいてください。「無」からは白々しいウソしか生まれません。

逆にそこを踏み外さなければ、少々ミエミエのホメ言葉や歯の浮くようなセリフを口にしても大丈夫。女性に喜ばれます。

むしろ女性に関して注意が必要なのは、女性が女性の容姿をホメる場合でしょう。たとえば若い女性が年配の女性に「お若いですね」と言うのは禁句。イヤミに受け取られかねません。「ステキですね」くらいのほうが無難と思われます。

オヤジという難物

女性にくらべて面倒なのが男性です。

男というのは鎧《よろい》をまとっている生き物で、それもトシとともにだんだん分厚い鎧になりますから、これを破るのは容易ではありません。

私は数年前から年配のみなさんを募って東京近郊の史跡などを案内する活動を続けていますが、参加者を見ていると、男女で大きな違いがみられます。60代から80代にかけての参加者が多いのですが、まず元気なのは圧倒的に女性です。元気なうえに、おしゃべりと笑い声が絶えません。知らない人どうしでもすぐに打ち解けて、おしゃべりに花を咲かせています。

それとは対照的に、しんねりむっつりしているのが男性です。男どうし挨拶くらいはしますが、どこかぎこちなく、会話がはずむ様子はみられません。なにやら鎧と鎧がふれあって、コツン、コツンと音を立てているような感じです。

輪に加わらず、ひとりで歩いている男性もいます。そういう人がいると、私から声をかけるようにしています。そのとき、かける言葉は「どんなお仕事をなさっていたんですか」というものです。参加者のほとんどはもうリタイアされた方たちですから、そういう言葉をおかけするのですが、一般にリタイア後の地域の集まりなどでは、現役時代の仕事の話はご法度とされています。もう会社人生は卒業し、これからは個人として新しい人生を歩むのですから、現役時代の仕事や肩書などは各人のなかにしまっておきましょう、というわけです。

逆にいうと、放っておくと世の男性は、その話題ばかりになってしまいかねないのですが、ずっと会社人間だった人なら、それもやむをえないでしょう。ところが、それしか話すべきものをもたない人がリタイア後、それを封印することが求められる。これは当人にすれば、なかなかつらいことです。

だから、そこを聞くと喜んで話をはじめる男性が多いのです。こわそうなお顔の男性もまた「話したがり」であることに変わりありません。

なかには仕事の話より「この鎌倉のどこに惹かれていらっしゃいますか?」と聞くほうが入りやすい場合もあるかもしれません。歴史、寺院、仏像、美食など一家言おもちの方だと突っ込めますね。

プライドのありかを探る

では、身にまとった鎧を脱いでもらうためにはとくにどんな言葉が有効か、具体的にお教えしましょう。

●オヤジの殺し文句その① 「ご苦労されたんですねえ」

現役時代の仕事や肩書のプライドをひきずっている男性にとって、その人がしてきた仕事はいわば宝物です。その仕事が客観的にみてどれほどの評価に値するものであったか、あるいは会社の業績に貢献するものであったかはともかくとして、当人にとっては大切な実績です。

そうした現役時代の仕事に対して「ご立派な仕事をされてきたんですね」。もちろんこれも悪くありません。そう言えば、相手はまんざらでもない顔をしているはずです。

でも、私なら別の言い方をします。「そうでしたか。いや、ご苦労されたんですねえ」と。この「ご苦労」というフレーズには万感の思いがこめられたような響きがあり、それが相手の気持ちをより強く揺さぶるからです。おお、そうか、キミはちゃんとわかってくれているじゃないかと相手は思うでしょう。

実際、これまでの私の経験則からいって「ご苦労されたんですねえ」は、多くの年配男性に効果的です。

●オヤジの殺し文句その②「人生がお顔に出ていらっしゃる」

容貌をホメられて喜ぶのは女性ばかりではありません。男性も顔をホメられると喜びます。ただし、「いい顔立ちをしておられますね」とか「鼻筋がとおっていらっしゃる」と言っても、いいトシをした男性は喜びません。年配男性の容貌をホメるときは、「さすがに人生がお顔に出ていらっしゃいますね」と、こういうふうに言うことです。

正確にいえば、この場合、ホメているのは容貌ではなく、その人の人生経験の厚みや年輪の味わいといったものですが、それを容貌と結びつけることで「いい顔」だと言うわけです。誰しもトシをかさねれば人生経験を積んでいますし、それにこれなら顔の造作のよしあしにかかわらず、相手の容貌をホメることができます。

●オヤジの殺し文句その③「いやあ、おそれいりました」

とくに自分で事業を起こして一代で成功をおさめたような人物には、このフレーズが有効です。成功談をひととおり聞いたあとなどに「いやあ、おそれいりました」。何におそれいったのか、具体的に述べる必要はありません。そこは、むこうが勝手にいいように解釈してくれますから。男はそういうところは単純にできているものです。

いちど殻を脱いでしまえば、そこから案外おだてに弱い、愛らしい姿を現すのが男性です。要は、その人がたのみとするプライドのありかを探し当てて、そこをうまくホメることです。

困った人たちへの対処法

とはいえ、世の中にはホメても、おだててもお手上げという人がいます。どういう人かというと、饒舌な人と寡黙な人です。対照的なタイプですが、どちらも聞き手泣かせという点で一致しています。

そこで、この困った人たちへの対処法をお教えしましょう。

●饒舌な人には「ひとつだけ教えてください」

このタイプは制御不能の暴れ馬のようなもので、人の話を聞きませんから、基本的に何を言っても無駄です。いっそ、相槌やうなずきを一切やめてしまうのも手かもしれません。人間、無反応の人が相手だと、ひどく話しにくいからです。しかし、それも大人げないので、

ここは、
「私はあなたのようにうまく言えませんが、ひとつだけ教えてください」と下手に出て、ひとつだけに限定して教えを乞うようにしてください。おそらく放っておくと「ひとつ」が終わっても話は終わらないと思いますが、前もって断っているので、そこで打ち切っても失礼にはあたりません。

●寡黙な人には具体的な回答例を挙げて

寡黙な人、話しベタの人は、こちらの質問に対してごく簡略化した答えしか戻ってきません。言葉や言い回しに愛想がなく、話がストンと終わってしまいます。こういう人に「それだけ？　もっと何かあるでしょう」と迫っても何も出てきません。

かえって寡黙な人の口を貝のように閉ざす結果になりかねないので、質問にひと工夫しましょう。つまり「世間ではその件についてこんな声が聞かれますが」とか「誰それさんはこう言っていましたけども」というように具体的な回答例を挙げたうえで「あなたはいかがですか」と水を向けるやり方です。

この場合、「私もそれと同じですよ」で終わる危険性もありますが、寡黙な人は話すのが苦手なだけで、頭の中に考えや意見がないわけではありません。むしろ空疎なおしゃべり人間より、よほどしっかりした考えをもっているので、それを提示してくれればいいわけです。こちらから示す回答例がそのきっかけとなる可能性は充分あるはずです。

●嚙み合わない相手には

誰でも話をしていて、どうも嚙み合わないなと感じる相手がいるものですが、これは相性の問題ですから、あまり深く考えることはありません。ただ、ひとつ確かなことは、「この人とはどうも合わないな」と感じているのは、あなただけではなく、相手も同じだということです。

あなたが「これはダメだな」と思っているときは、相手も「早く終わらないかな」と思っていますから、早々に見切りをつけることです。無理をして粘っても、おたがい不愉快になるだけ。「では、次回お目にかかったときにでもまた」と切り上げましょう。相手も、それでほっとしているはずです。

相手の「心」を聞こう

話を聞くうえで男性のほうがむずかしいというのは、おしなべて男性のほうが女性よりも話がおもしろくないという意味もあります。たとえばインタビューで、ある出来事や事象について客観的に整理して教えてもらうといった場合、男性のほうが適役です。それはつまり、これこれこういうことなんですよと端的に教えてくれるのは男性です。

でも、たとえば人生の節目節目の出来事で感じた思いを聞くといった場合、感情ゆたかに生き生きと自分の言葉で話してくれるのは断然女性です。そのとき、あなたはどう感じて、何を思い、どうしたかったのか。そうした人間らしい感情の発露は、女性のほうが自然にしてくれます。男性はこういう場合もどうも鎧が邪魔になっていて、内なる声はなかなか聞かせてくれません。

私は『ラジオ深夜便』のインタビューでも、つねに相手の「心」を聞こうと心がけていました。自分はこうやって生きてきましたという時系列で人生を聞くだけではインタビュアー失格でしょう。そのとき私はこんな気持ちだった、こんなふうに感じたという「心の動き」がないと、その人の人間味が伝わってきません。リスナーもそれを求めていますし、インタビューに答える当人も、じつはそれを伝えたいという思いをもっています。

人はみな自分の思いを誰かに伝えたいという願望をもっています。そうである以上、それを聞くのはインタビュアーのつとめだと私は考えています。

「聞く」ことは相手への好意表明

ここまで述べてきたインタビューの心構えや要領は、他人との日常会話をうまくこなすうえでも役に立つと思います。

たとえば、この人と仲よくなりたいなと思えば、どうしたらいいか。簡単です。どんどん質問をしてあげればいいのです。人は基本的に話したがりで、自分のことを聞かれるのが好きですから、聞いてあげることです。すると相手は、この人はこちらに好意をもっているなと感じとるはずです。

通常、あまりよく知らない者どうしの会話は、とくに男性どうしの場合、ありきたりの挨拶で終わってしまいがちです。

「いやあ、朝夕、ずいぶん涼しくなりましたね」

「まったく。今年の夏はとくに猛暑でしたからねえ」

時候の挨拶だけで会話は完了してしまい、なかなか続きません。そこで、「朝夕、涼しくなりましたね」のあと、こう言葉を添えてみてはどうでしょうか。

「いえ、私、出身が青森なので、暑さにはからきし弱いんですよ」

自分から出身地を明かせば、相手も「おやおや、私は南国高知でしてね」などと言うでしょうから、話のとっかかりを得ることができます。あとは高知に関する知識を総動員していろいろ質問すればいいわけです。

「高知といえば、学生時代に旅行しましてね。桂浜《かつらはま》で泳ごうとしたら、あそこは遊泳禁止なんですね。しょうがないから、浜辺の坂本龍馬の銅像を拝んで帰ってきましたけど、あそこは昔から泳げないんですか」

土佐出身者に桂浜と坂本龍馬をネタとして振れば、よほど寡黙な人でないかぎり、あれこれとしゃべりはじめることでしょう。こうして「しゃべりモード」に入れば、あとはところどころで合いの手がわりの質問をはさめば充分です。

この場合、相手を嬉々《きき》としてしゃべらせたのは、故郷ネタというおそらく万人に有効な話のツボと質問です。質問することで相手の気分をよくさせたからその人はいい気分で話しはじめたわけです。繰り返しますが、多くの人は話したがりであると同時に、自分のことを聞かれると喜びます。

それは聞かれると、この人は自分に好意をもってくれているなと感じるからで、つまり聞くというのは、相手に対する好意表明だということです。

ですから、人間関係を作るうえで聞くことは重要な役割をはたすのですが、気のおけない人間関係を良好に維持するうえでも聞くことは有効です。サラリーマン時代、酒の席が苦手だった私はもっぱら聞き役に回っていたと述べましたが、そうすることで自分から積極的に話さなくても仲間のなかに入っていられます。

雑談の席はその場の多くが話したい人たちで占められていて、いわばマイクのとりあい状態ですから、自分から話す必要はありません。聞き役に回って適当に合いの手を打っていれば、周囲の人たちは機嫌よくしゃべりつづけています。こういう席では聞き役が適度にまじっていたほうが喜ばれるというものです。

聞き上手は酒の席でも重宝されるというわけですが、こういうオフの席において、聞き役が覚えておきたいことがあります。それはけっして真剣にならないこと。インタビューのときのように一生懸命に耳を傾ける必要はありません。そんなことをしても無駄なエネルギーを使うだけです。どうせ翌朝には、みんな自分が何を話したのか、ろくに覚えていないのですから。

第七章　聞き上手は話し上手

話し手を乗せる相槌

日常的に誰かとしゃべっていて、あ、この人、話がしやすいな、と感じることがあると思います。誰しも波長の合う人と合わない人がいますから、きっと話しやすい相手とは波長が合っているのでしょう。

しかし、そうした個人の相性とは別に、多くの人が話しやすいと感じる人がいます。そういう人には共通点があり、おしなべて人あたりがやわらかで、自己主張をあまりしません。加えてもうひとつ、相槌が上手だという特徴があります。

「はい」「ええ」「ほう」「へえ」「なるほど」「まさか」「そうですね」「さすがですね」「本当ですか」……。相槌にもいろいろありますが、聞き役においては否定的な相槌や気のない相槌はいただけません。「そうですかね」とか「あ、そう」「ふーん……」といったものです。

相槌は、あなたの話をちゃんと聞いていますよ、という合図であり、相手への同調や共感を表すものです。相槌を打たない人とは話がしにくいものですが、それは相手が話を聞いてくれているかどうか不安になるからです。

しかし、相槌の打ち過ぎもまた考えものです。あまりうるさい相槌は話し手の邪魔になるからで、適度にとどめるべきでしょう。

相槌の打ち方ひとつで話し手を気分よく乗せることができますが、相槌よりもさらに効果的なのが**「促し言葉」**です。これは、聞いた話をうけて、さらに掘り下げて聞こうとするときに使う短い言葉です。

「で、どうしました？」

「それじゃ、大変だったでしょう」

「へえ、驚きましたね」

「それで、そのときどう思ったんですか」

などと身を乗り出すようにして発する言葉は、話し手のおしゃべり意欲をいっそうかき立てます。もちろん、この場合も否定的な言葉は厳禁です。

話し手は、起こった出来事そのものよりも、そのときの喜怒哀楽や思いを語りたがっています。ですから、聞き手は「わかりますよ、あなたの気持ち」を全面に出して相槌と促し言葉で同調すれば、話し手の口はいっそうなめらかになっていきます。相槌も促し言葉も話し手への同調であり、いわば相槌のひとつひとつに「私はあなたの味方ですよ」というメッセージが込められています。

熟知していることでも感心したフリを

聞き手にとって話の接ぎ穂が見つからないのも嫌なものですが、聞き手がより注意すべきはむしろ自分の得意分野の話が出てきたときでしょう。それなら自分のほうが詳しいぞとばかり、話し手から話を奪ってしまいかねないからです。あなたのなかにある「しゃべりたがり」が顔を出すのは、こういうときです。

話を取られたうえに自分よりも豊富な知識を披露されたら、話し手は気分を害してしまいます。話し手に話す気をなくさせるのは、聞き手として最悪です。ここは、たとえ自分のよく知っている話でも相手の話に耳を傾けるのが聞き手のつとめです。よく知っていることでも、感心して聞くフリくらいはしたいものです。

さらにもうひとつ、聞き手は「表情」にも気をつけてください。話し手に向ける表情も話を盛り上げるうえで重要な役割を担っているからです。

人間、真剣勝負のときには相手の眼《まなこ》を3～5秒くらい見つめるものですし、楽しい話を聞くときは笑顔でいるはずです。話し手は聞き手の表情からも手ごたえを感じとっています。

表情とともに仕草によるリアクションも話し手の気分を盛り上げます。「わあ、そうだったんですか」と思わず身を乗り出すような仕草などはなかなか効果的です。話し手を乗せるには、少々オーバーアクションになっても構いません。

聞きづらいことを聞く作法

聞くことに慣れてくると「質問のツボ」がわかってきます。ただ、質問にはタイミングがあり、それを逃すと、次に関連の話が出るまで待たねばなりません。

そういうときは「途中でごめんなさい、先ほどのお話ですが」とか「お話、ちょっとだけ戻してよろしいですか?」と殊勝な顔つきと申し訳なさそうな声で断ったうえで質問をすると、話し手は違和感を抱きません。

また、聞きづらいことを質問するときも、その前に断りを入れるのが礼儀です。

「あの、答えづらければお答えにならなくてもいいですが」

「すみません、思い切ってお聞きしますが」

「ちょっとつらい質問かもしれませんが」

という具合です。

事前に断りを入れても、はぐらかされたりしてうまくいくとはかぎりませんが、私の経験では7割の人が気持ちよく答えてくれました。こういう場合、要はこちらの「申し訳ありません」という気持ちを相手が感じとってくれるかにかかっていると思います。そのニュアンスを感じさせるような言い方をマスターすることです。それには相手の立場を思いやるように心がけるしかありません。

感想は言葉少なに

聞き手の思いやりといえば、相手が話を終えてからも大切なことがあります。それは**聞き終えたあとで意見を言わないこと**です。「どうでした?」と聞かれたら、言葉少なに「大変でしたね」「すてきな体験でしたね」「あなただからできたのでしょう」「つらい体験でしたね」などと当たりさわりのない感想にとどめます。

多くの場合、話し手はあなたに意見を求めていません。話を聞いてもらうだけで充分なのです。そして、もっとも大事なことは、前にも述べましたが、聞いたことを誰にも話さないことだと思います。

誰しも感情に流されて言いすぎることがありますが、私も調子に乗ってしゃべった翌日、後悔して反省することが多々ありました。そんなときは「つまづいたっていいじゃないか、人間だもの」と相田みつをさんの名言を思い出すことにしています。

よく知らない人との話題

ところで、日常会話で多くの人にとって厄介なのは、あまりよく知らない相手と話をしなければならない場合でしょう。顔見知り程度だと、おたがいよく知らない間柄ですから、どうしても会話がぎこちなくなりがちです。

そんなとき、どうすればいいか。まず大切なことは、笑顔で明るく挨拶することです。その第一声で相手に「この人、私に好意をもっているな」と思わせることができます。それがあるのと、ないのでは大違いです。

その次に相手の興味をひく質問をすることが重要になってきますが、よく知らない人の場合、それがわかりません。

一般にあまり親しくない人に向ける話題としては、趣味、旅行、グルメ、おしゃれ、健康などに関するものが無難です。ちなみに私は初対面の人に対しては「この人は何をもっているのだろう?」と考えながら話を聞くようにしています。「もっている」というのは、その人の興味や趣味、故郷などですが、そのあたりのいちばん答えやすそうなところから探りを入れて話題を見つけていくわけです。

最初の入り方としては、こんな感じの振りでしょうか。

「お仕事、お忙しいですか」

「お住まいは、どちらでしたっけ？」

「夏休みは帰省されますか、お国はどちら？」

「私、ラーメンに目がないんですが、どこかおいしいお店、ご存じないですか」

「私、旅行が好きでしてね、最近、どこかへ出かけられました？」

　こうした話題から入り、次に相手と自分との共通項を見つけ、そこから体験的な質問をかぶせてゆく。これがオーソドックスなパターンですが、あまり知らない者どうしを結びつけてくれるのは**双方の共通項**です。それをどう見つけるか。たとえば、

「私、ラーメンに目がなくて、どこかおいしいお店をご存じなら」

「それは残念。私は蕎麦好きでしてね。じつは蕎麦打ちが趣味なんですよ」

　ラーメンと蕎麦ではすれ違いですが、少し頭を柔軟にすれば、相手との共通項は何かありそうです。

「ああ、そういえば、私の祖母が信州出身で、昔はどこの農家でも庭先で蕎麦の実を乾燥させていたそうですね」

　もしこんなふうに蕎麦がらみの話題を振ることができたら、俄然《がぜん》、相手の顔が違ってくるはずです。なにしろ蕎麦好きが高じて蕎麦打ちが趣味になった人ですから、蕎麦の蘊蓄《うんちく》な

ら、いくらでも語るに違いありません。要は相手の好きなものや得意分野をつかむことがポイントで、それができれば、あとはなんとかなります。

質問に窮したときは

相手の話のツボを探りあてることができたら、とにかく相手にしゃべらせることのみを考えてください。そのときの基本的なスタンスは、一生懸命に内容を聞き、次の質問は流れにまかせるというものです。

それでも、うまく質問が出てこないときがあると思います。沈黙とともに嫌な空気がふたりの間に流れはじめますが、こういうときは沈黙を恐れないことです。質問が出てこないときは、相槌の言葉（「なるほど」「うーん」「そうですよね」など）でつないで、むしろ充分な沈黙を入れる。すると、相手は耐え切れなくなって話しはじめますから、それまで待つことです。

これは『ラジオ深夜便』のインタビューでもよく経験したことですが、こうした沈黙のあとに、体験者しか話せないとっておきのいい話が出てくるものです。

インタビューや会話で、沈黙は誰もが嫌がります。それで沈黙を恐れ、ついどうでもいい質問をしてお茶を濁す人が多いと思いますが、そこをぐっと辛抱して沈黙に耐えてください。すると、口をひらいた相手から深い話が語られることがよくあります。

つまり、**沈黙の先にはダイヤモンドの原石が埋まっている**ということです。磨き方次第で輝くのかただの岩石になってしまうのか、あなたの感性が決めてくれます。いずれにせよ、沈黙に耐えられるかどうかにかかっています。


聞き手に求められる〝三ない〟


相手の話を聞くときは、自分と考え方や見方が違っていても、それは胸にしまっておいてください。自分の考えをもちながらも、相手の意見を受けとめて聞き役に徹することです。聞き手は**「意見を言わない」「説教しない」「否定しない」**の〝三ない〟を心に刻んでおきましょう。

人の話を聞く際に重要なのは、どんな話題であれ、話し手の気持ちを聞くことです。そうしないと、話し手はストレスをかかえこみ、気持ちの収まりが悪くなります。話し手は話を進めるなかで「そのときのお気持ちは?」「それで、どう思いました?」「つらかったでしょうね」などと質問されると、ここぞとばかり話をしたくなります。話している人のそのときの気持ちを察し、よき隣人になって聞くことが聞き手の役割です。

そして、笑顔を忘れないこと。こちらが笑顔で聞けば、相手にも笑顔は伝染するものです。もちろん深刻な話には、しかめ面が似合いますが。

女性どうしの暗黙のルール

初対面やよく知らない者どうしのコミュニケーションは、男性よりも女性のほうが巧みにとることができるはずです。女性ふたりのおしゃべりの様子を観察していると、どちらか一方が話し手で、もう一方が聞き手に回るという構図はあまりないようです。

どちらもわりと均等にしゃべっていて、たとえば一方が夏休みに旅行をした話をしたら、「ねえ、あなたはどこに行ったの?」と相手に話を振る。振られたほうは、こんどは私の番ね、という感じで話しはじめる。女性社会では、こういう暗黙のルールのようなものがあって、子どものころからそれに慣らされているようです。

これに対して男性は少年時代から上下関係がはっきりしていて、ガキ大将（話し手）と手下（聞き手）に分かれています。ガキ大将は「お前、こないだの休日、何やってたんだ?」などとは言いません。もっぱら自分のことを一方的にしゃべるだけです。

この男の子社会のありようは、おとなになっても基本的に変わりません。ですから、ここは女性ルールを見習って、自分のことを話したら、必ず「そっちは連休、どうしてた?」と聞くように習慣づけてください。人は基本的に話したがりですから、これは相手を喜ばせることになります。

これなどはおとなの会話の一種のマナーというべきですが、世の中、マナーをわきまえていない男性が多いのが実態でしょう。ゆえに、他人の迷惑をかえりみず、酒の席などで自分の自慢話を延々とつづけるような上司がどこの職場にもいるわけです。イヤですね。

自慢人間への対処法

自慢人間は、たいしたことでもないのに自慢し、しかも同じ話を何度でも繰り返します。つきあう方は大変迷惑ですが、それが職場の上司や商売相手であれば席を立つわけにもいきません。私もかつて何度もそんな理不尽な思いを味わい、我慢してきました。

自慢人間と向き合うとき、いつしかこう考えるようになりました。どのようにしてこの自慢人間ができあがったのだろうかと。そして、この自慢人間が形成された背景を探るべく、自慢話の合間に質問していくのです。

「小さいころは大事にされたんですか、それとも貧乏で苦労されたんですか」

「学生時代、何か目標があったと思いますけど、希望どおりになったんでしょうか」

「これまで成果をあげたお仕事で、これは勉強になったということを教えていただけますか」

「そのお話を聞くのは5回目ですが、それほど印象に焼きついた理由は何でしょう」

「仕事のお忙しいなかで、家庭や趣味のことは、どうすれば上手にできるんですか」

「自分とは合わない嫌いな上司に仕える方法をぜひ伝授していただきたい」

要するに自慢人間を丸裸にすることでうっぷんを晴らそうということですが、これらの質問でわかるとおり、話の腰を折って長話をさせないねらいもあります。

もっとも、自慢大好き人間は、どんな質問を向けても自慢することしかしません。では、質問が尽きてもまだ自慢の続く人には、どう対処すればよいのでしょうか。

手っ取り早いのは時計を見るかトイレに行くかですが、無視されるのがオチです。ですから酔ったふりをして、今度は自分の自慢話をするというのはいかがでしょう。自慢上司はけっしてあなたの自慢話に乗りません。必ずや自分の自慢に話を転回します。そのときを逃さず言うのです。

「部長のお人柄も実績もよくわかりました。今夜はこれくらいにして、次回は私の話を聞いてください」と。そして次からふたりきりにならないよう工夫してください。

いちばん悩ましいのは、出世しそうな上司が自慢人間である場合です。そうした上司から誘われたとき、唯々諾々とついていく前に考えてください。人の権勢は時とともに移り変わっていきますから、合わない上司なら無理に合わせる必要はありません。自分に合った人がやがて現れると信じることです。自慢などせずに、ただ周りの人の幸せを願う上司の出現を夢見ることにいたしましょう。

聞き上手は話し上手への近道

およそ自慢大好き人間は底が浅いですから、その話から得るものはほとんどありませんが、ただ反面教師としては役立ちます。「他山の石」のごとく、自分の石を磨くのに活用できれば「まあ、この人のおかげかな」と感謝に変わろうというものです。

じつは聞き上手になることは、話し上手への近道でもあります。

聞き手に回ると、相手の話し方の難点がよくわかるようになります。ああ、そうか、こういうふうに話すと、人を退屈させるのか、こう話せばおもしろくなるのかと、いろいろわかってくるからです。私がそうしたことに気づいたのは、自分がアナウンサーになり、インタビューなどで人の話に耳を傾けるようになってからです。そして、退屈な話とつきあうときには、なぜつまらないかを考えるようになり、また長話はおのずと自分の頭のなかで要約する習慣が身につきました。

こうした聞き手としての訓練は、そのまま話し方の技量を高めてくれました。ですから、話し上手になりたければ、まず聞き上手になるべしという、ひとつの法則が浮かび上がってきます。

繰り返しますが、聞き上手な人は多くありません。世の大半の人は話したがりですから、上手に話を聞いてくれる人は重宝されます。自分の話を聞いてほしい人ばかりですので、たまに話をうまく聞いてくれる人がいると、ありがたがられるわけです。その結果、聞き上手な人は、多くの人の話につきあうことになり、それらは退屈な話も多いでしょうけれども、それはそれで学ぶところもまた多いはずです。

ですから、自分を口ベタだと思うなら、まず聞き上手をめざすのもひとつの方法です。前述のように聞き上手になることは話し上手よりもむずかしいのですが、忍耐力があり、他人の人生や生き方に興味のある人なら、きっとよき聞き手になれるでしょう。

そして、聞き上手になった分だけ、あなたは確実に話し上手に近づいています。

〈聞きベタ解消７ヵ条〉

第１条　答えやすい問いにすべし
（最初の質問は健康、グルメ、趣味、スポーツ、故郷あたりが無難）

第２条　笑顔で質問すべし
（こちらから明るく楽しそうに質問すると相手に伝染する）

第３条　意見・批判は控えるべし
（聞き手の意に反することも笑顔で受けとめよう）

第４条　「調子乗せ相槌」を多用すべし
（「さすがですね」「勉強になります」と話し手を調子に乗せよう）

第５条　教えを乞う態度をとるべし
（相手をリスペクトし、謙虚に耳を傾けよう）

第６条　相手の話は最後までじっと聞くべし
（我慢して自分のことは話さない）

第７条　好奇心旺盛で聞くべし
（一生懸命聞いていることを相手に感じさせよう）

〈特別レクチャー〉聞き手の理想像を求めて

人間、欲を出せばキリがありませんが、よりよい聞き手になるためには、よりよい話し手になる以上に多くの能力が求められるように思います。私自身、聞き手のプロとして未だいたらざるところありと自覚していますが、こんな力があればなあ……と思うところも含めて挙げてみましょう。

①包容力

聞くのに「なぜ包容力？」と思われるでしょう。でも、これが聞き手に欠落していると、話は中途半端になってしまうのです。まるで神様の掌《てのひら》に包まれたような温かい雰囲気のなかで、やさしく質問し、話を聞いてあげることができる人。お母さんが小さなわが子への愛を育むように、丁寧にやさしく問いかける様子を想像してください。「なんでも話してくださ い、ちゃんと受けとめますよ」と大きく包んでくれる安心感でしょうか。包容力は話し手に信頼される人がもつオーラともいえます。

②想像力

ひとりで理路整然とわかりやすく話せる人はそう多くありません。対談とかインタビューが多くなるのも当たり前です。聞き手が話をうかがう場合、話し手だけがわかっている専門用語が出てくることもありますし、その世界の人にしかわからない話も出てきます。そうしたなかで、聞き手は話し手の思いを想像しながら質問を投げかけていきます。したがって、聞き手に推察力と想像力は欠かせません。中途半端にどっちともとれる質問をすると、話し手は戸惑い、夢中で話す流れに水を差すことになります。そうならないためには話の内容を把握し、話し手の思いを想像しつつ、次の問いを選ぶことが大切です。

③肯定力

もし話し手が間違ったことを話しても、聞き手としては話の腰を折らない気配りが必要です。相手の勘違い程度なら、聞き流すくらいのおとなの対応をしなければなりません。どうしても言いたいときは、相手を不快にさせないよう「私の勘違いかも」と、ひと言断って質《ただ》すくらいの配慮がほしいところです。こういう「おとなの気配り」ができる人は一目置かれて信頼されるはずです。世の中には言葉尻をとらえて、またそれを生きがいにされている方もいらっしゃいます。地球は私のために回っていると信じている方はわが横暴さを見つめ直すことをおすすめします。

④集中力

話し手が饒舌だと、5分ほど聞くだけで眠気に襲われます。話が子守歌に変化するのでしょうか？　いや、質問するすき間がないくらい話が一方的だからです。こういう場合は諦めて聞き流すしかありません。おしゃべりの人の特徴は、聞き手の困惑に思いがいたらないこと。それでも驚異的な集中力で聞き、当を得た問いを出せる人は尊敬に値します。ふだん私たちが集中して話を聞くことができる時間は3分ほどです。だから、プロの話し手はそのくらい時間がたつと冗談を入れたりしています。5分間黙って聞くのも「修行」と思えば、退屈な饒舌話もありがたいお経に思えてきます。

⑤適当力

タレントの高田純次さんは「適当」を上手に使います。しかし、タレント活動を適当だけで長らえるのは不可能です。純次さんは、話し方や顔つきに適当をにじませて勝負していますが、その陰にたゆまぬ努力が存在するはずです。インタビューや対談でも、あまり生真面目に突っ込みすぎると、いい結果を生みません。「このへんでいいかな」と察して切り上げる。そのあたりの兼ね合いはトシを重ねればおのずとわかります。若い人たちの正義感の強さも必要ですが、そこだけにとらわれず、いい意味で「適当力」を身につけることも聞き手には必要です。生真面目すぎる人には、人は適当につきあっています。

⑥体験力

どんな体験でも多ければ多いほど役立ちます。話すときに役立つのはいうまでもありませんが、聞き役に回ったときも体験が多いか少ないかで大きな違いがあります。それは話す場合の説得力と同様に、返事やうなずきの重さが違うのです。聞き手が話し手と同じ体験をしていた場合、聞き手は自分の体験と重ねて「そうですよね〜」とうなずいています。しかし、そのうなずき方と聞いている顔つきに引きずり込まれるように、話し手はもっと深い話に移っていきます。これは体験力の裏技というべきでしょう。

⑦感謝力

これが聞き手の神髄かもしれません。話を聞き出してやろうと力むと、えてして相手は引くものです。そこで、力むのをやめて相手に感謝の念をもって臨んでみてはいかがでしょうか。聞き手の感謝とは、話し手に会って話をうかがえること、その人の人生にふれられること、そんな機会をいただいたこと、みんなが知りたいことを代表して聞けることなど、たくさんの思いの集積です。そうした感謝力が聞き手と話し手の間にある壁を取り除き、聞き終えて感謝したくなるような話へといざなってくれます。

⑧判断力

聞き手にこれがないと、話はあらぬ方向に行ってしまい、聞きたかったことと全然違う結論になるかもしれません。クルマで目的地に向かう際、曲がるべきところで曲がらないと遠回りになり、約束時間に間に合わなくなるのと同じ。話の岐路で質問を誤ったために右折するはずが左の路地に迷い込み、惨めな結果になることもあります。聞く判断を誤ると話し手は不快になり、その空気がしばらく漂います。では、と最初から質問を決めれば予定コースで走れます。ところがそれでは順が決まっているので相手の話の内容が耳に入らず、もっと興味深い話が聞けるかもしれないのに、あらかじめ決めた通りの質問をするために予定調和の内容の薄い話しか出てきません。臨機応変な判断はインタビューにおいても欠かせません。

【付録・おとなの表現一覧】

結婚式やパーティの挨拶などで、とくに人生経験豊かで洗練された方のスピーチを聞いていて「上手な言い回しだなあ」と思ったことはないでしょうか。そうしたおとなの表現をお手本にして、失礼のない言い回しに少しおしゃれな表現も加え、みなさんが使いやすいようユーモアもまじえた言葉を一覧表にしてみました。

〈体型・年齢・性格の使いやすい表現〉

○太った人↓体格のよい・少しだけ大きめな・頼りになりそうな
○やせている人↓スレンダーな・細身がよくお似合いの・私のあこがれの
○背の低い人↓小柄な・可愛い・どちらかといえば背の高くない
○背の高い人↓立派な・見上げるような・恋人にしたいような
○オジサン↓日本のお父さん・日本を支えてくれる人・余裕ある人生のシニア

○オバサン↓経験豊富な女性・頼りがいのある・お父さんが勝てない人
○お年寄り↓お年を召した・人生の達人・日本を見守ってこられた
○若者↓無限の可能性を秘めた・日本の未来を託す人・前途洋々元気潑剌《はつらつ》
○優しい人↓愛があふれ出るような・思いやりの深い・自分を犠牲にしても
○おこりっぽい人↓厳格な・一本気な・正義感あふれる
○冷たい人↓クールな・冷静沈着な・胸の奥に優しさを秘めている
○おしゃべりな人↓社交的な・盛り上げ役・集まりに欠かせない
○真面目な人↓勤勉な・責任感の強い・信頼のおける
○いい人↓誠実な・優しくて謙虚な・人望のある・親切に気遣う人
○無口な人↓控えめな・もの静かな・シャイな・金の沈黙をもった人
○マイペースな人↓こびない・一匹狼

〈セレモニーでの改まった言葉〉

○わたし・ぼく↓わたくし
○今日↓本日
○きのう↓昨日《さくじつ》

○前から↓以前より・昔から
○どうですか↓いかがですか
○忘れる↓失念する
○珍しく↓奇《く》しくも
○お体大切に↓ご自愛ください
○ミスしました↓不手際がありました
○なかでも↓なかんずく・とりわけ
○少し↓少々
○出席してくれて↓ご臨席いただき
○心配してくれて↓お心にかけていただき
○遠慮しないで↓お心おきなく
○仲のよい友達↓気のおけない友人
○来てくれて↓お越し・お運びいただき

〈古趣のある表現〉

○ひと目惚れして↓見初《みそ》めて

○帰したくないときの雨↓やらずの雨
○通りすがりに↓行きずりに
○思いがけずに↓端なくも
○一瞬の夢↓うたかたの夢
○清らかで美しい↓楚々《そそ》とした
○いっそう↓ひとしお
○五〜六月のころ↓麦秋のころ
○一一〜一二月初めの晴天↓小春日和
○喜んで励む↓いそしむ
○優美なさま↓たおやか
○一晩中↓夜もすがら
○二人の仲がちょっと冷める↓秋風が吹く

〈職場で嫌われる言葉・好かれる言葉〉

●嫌われる言葉

「オレの若いころは〜」

「そんな話、聞いてないぞ」
「そんなこと言っている場合か」
「まったくあなたって人はね」
「だから、言ったでしょ」

●好かれる言葉

「いっしょに考えよう」
「それなら、なんとかなるかもね」
「責任はとるから、やってくれ」
「迷ったときは、原点に戻ればいい」
「よし、あと、ひと工夫やってみよう」
「ひとつ変われば、いい方向に転がるよ」
「誰だって同じ、一歩進むとまた悩むのよ」
「それと似たようなことで、ぼくも昔、叱られてね」

おわりに

自分を変える思いがあれば話し方も聞き方も、社会人としてこれからの人生の歩き方さえ変わるということを書きました。生き方と考え方が変われば、前向きな明るい声で話すことができます。

私は、出身校の学習院大学生涯学習センターで、15年ほど話し方教室の講師をやらせていただき、４００人を超える学生や社会人と一緒に学ぶことができました。

最初は人前でしゃべることに不安いっぱいだった人たちも、３回目くらいから笑顔で話しはじめ、表情が明るくなります。そうして、ありのままの飾らない話し方がごく当たり前にできるようになり、やがてユーモアあふれた個性的な話し手に変わっていきました。私にとってもとても嬉しい幸せな瞬間です。

大正から昭和初めまでに多くの詩を残した金子みすゞ。「みんなちがって、みんないい」

の言葉を表現した童謡詩人です。彼女の詩は、他人を気遣う優しさにあふれています。「上の雪　さむかろな。つめたい月がさしていて。下の雪　重かろな。何百人ものせていて。中の雪　さみしかろな。空も地面《じべた》もみえないで。」

みすゞさんにかかると、自然も動物も人間も同じ生き物になります。

あなたがみすゞさんのように優しい心をお持ちならば、話す内容、聞く質問、話を聞く姿勢も相手に伝わります。まず「オレが、アタシがね〜」の人たちには考えられない世界です。

翻って私はどうかと言いますと、さんざ迷い彷徨《さまよ》い、また迷いながら道半ば75点くらい。自我も強く、欲深い性格が邪魔をして、悟りにはまだかなりの距離がありそうです。

私のアナウンサー人生は、けっしてほめられたものではありません。一瞬だけ自信にあふれてもすぐにまた失って自己嫌悪に落ち込む、ダメな伝え手でした。その原因は「お馬鹿な自分を晒すのが怖かったから」です。

誰でも自分だけは特別なオンリーワンの存在でいたいと思っていますが、あるとき気づいてしまいます。「アナウンスも、世の中を観る目も、理解度も、話し方も、ついでに顔も平凡だ」と。

「非凡の人をめざしたとしても、やっとこさ凡人に近づくのが精一杯だから、せめて人と違う観点からものごとを考えよう」と思い、それを実践しているうちに、話し方も聞き方も変化してきた気がしています。

学校の教科にはない「話す・聞く」は、社会に出ても、誰も手を取り教えてはくれません。ここに書いた内容があなたにとってちょっとでも役立ち、これをベースにしてあなたの生活もあなた自身も大きく変わることを祈念してやみません。変える気があれば変わるのが人間です。

話しベタでさんざ赤恥をかいてゼロから学んだ50年、話し方に悩んでいる方に贈る数々のノウハウ集です。今のあなたを振り返るためにもきっと役立つ内容になっています。

佐野剛平

二〇一八年一月

佐野剛平

1941年、新潟県長岡市栃尾生まれ。学習院大学卒。元NHKアナウンサー・エグゼクティブプロデューサー。NHKを退職後、NHK文化センターに入社。受講生の集まる数々の講座を作り、同時に『ラジオ深夜便』の番組制作を担当。200人以上にインタビューし、ゲストの本音を聞き出す達人となる。趣味の登山歴は60年、日本全国1300の山々を歩く。学習院生涯学習センターでは15年間話し方講座を担当。現在はNHK文化センターで話し方講師を務めるほか、希望者と共に関東低山ウォークや町歩きなどを楽しんでいる。

講談社+α新書 787-1 A

もう初対面《しょたいめん》でも会話《かいわ》に困《こま》らない！ 口《くち》ベタのための「話《はな》し方《かた》」「聞《き》き方《かた》」

佐《さ》野《の》剛《ごう》平《へい》 ©Gohei Sano 2018

2018年2月20日第1刷発行

発行者―― **鈴木 哲**

発行所―― **株式会社 講談社**
東京都文京区音羽2-12-21 〒112-8001
電話 編集(03)5395-3522
販売(03)5395-4415
業務(03)5395-3615

構成―― **武内孝夫**

イラスト―― **内田尚子**

デザイン―― **鈴木成一デザイン室**

カバー印刷―― **共同印刷株式会社**

印刷―― **豊国印刷株式会社**

製本―― **牧製本印刷株式会社**

本文データ制作―― **講談社デジタル製作**

定価はカバーに表示してあります。

落丁本・乱丁本は購入書店名を明記のうえ、小社業務あてにお送りください。

送料は小社負担にてお取り替えします。

なお、この本の内容についてのお問い合わせは第一事業局企画部「＋α新書」あてにお願いいたします。

本書のコピー、スキャン、デジタル化等の無断複製は著作権法上での例外を除き禁じられています。本書を代行業者等の第三者に依頼してスキャンやデジタル化することは、たとえ個人や家庭内の利用でも著作権法違反です。

Printed in Japan
ISBN978-4-06-291516-8

講談社+α新書

やっぱり、歯はみがいてはいけない 実践編
森昭
森光恵
日本人の歯みがき常識を一変させたベストセラーの第2弾が登場！「実践」に即して徹底教示
840円 741-2 B

一日一日、強くなる 伊調馨の「壁を乗り越える」言葉
伊調馨
オリンピック4連覇へ！ 常に進化し続ける伊調馨の孤高の言葉たち。志を抱くすべての人に
800円 742-1 C

50歳からの出直し大作戦
出口治明
会社の辞めどき、家族の説得、資金の手当て。著者が取材した50歳から花開いた人の成功理由
840円 743-1 C

財務省と大新聞が隠す本当は世界一の日本経済
上念司
財務省のHPに載る七〇〇兆円の政府資産は、誰の物なのか!? それを隠すセコ過ぎる理由は
880円 744-1 C

習近平が隠す本当は世界3位の中国経済
上念司
中国は経済統計を使って戦争を仕掛けている！ 中華思想で粉飾したGDPは実は四三七兆円!?
840円 744-2 C

経団連と増税政治家が壊す本当は世界一の日本経済
上念司
企業の抱え込む内部留保450兆円が動き出す。デフレ解消の今、もうすぐ給料は必ず上がる!!
860円 744-3 C

考える力をつける本
畑村洋太郎
企画にも問題解決にも。失敗学・創造学の第一人者が教える誰でも身につけられる知的生産術
840円 746-1 C

世界大変動と日本の復活 竹中教授の2020年・日本大転換プラン
竹中平蔵
アベノミクスの目標=GDP600兆円はこうすれば達成できる。最強経済への4大成長戦略
840円 747-1 C

ビジネスZEN入門
松山大耕
ジョブズを始めとした世界のビジネスリーダーがたしなむ「禅」が、あなたにも役立ちます！
840円 748-1 C

グーグルを驚愕させた日本人の知らないニッポン企業
山川博功
取引先は世界一二〇ヵ国以上、社員の三分の一は外国人。小さな超グローバル企業の快進撃！
840円 749-1 C

力を引き出す「ゆとり世代」の伸ばし方
原晋
原田曜平
青学陸上部を強豪校に育てあげた名将と、若者研究の第一人者が語るゆとり世代を育てる技術
800円 750-1 C

表示価格はすべて本体価格（税別）です。本体価格は変更することがあります

講談社＋α新書

書名	著者	内容	価格	番号
台湾で見つけた、日本人が忘れた「日本」	村串栄一	激動する〝国〟台湾には、日本人が忘れた歴史がいまも息づいていた。読めば行きたくなるルポ	840円	751-1 C
不死身のひと 脳梗塞、がん、心臓病から15回生還した男	村串栄一	がん12回、脳梗塞、腎臓病、心房細動、心房粗動、胃三分の二切除……満身創痍でもしぶとく生きる！	840円	751-2 B
世界一の会議 ダボス会議の秘密	齋藤ウィリアム浩幸	なぜダボス会議は世界中から注目されるのか？ ダボスから見えてくる世界の潮流と緊急課題	840円	752-1 C
欧州危機と反グローバリズム 破綻と分断の現場を歩く	星野眞三雄	英国EU離脱とトランプ現象に共通するものは何か？ EU26ヵ国を取材した記者の緊急報告	860円	753-1 C
儒教に支配された中国人と韓国人の悲劇	ケント・ギルバート	「私はアメリカ人だから断言できる!! 日本人と中国・韓国人は全くの別物だ」――警告の書	840円	754-1 C
中華思想を妄信する中国人と韓国人の悲劇	ケント・ギルバート	欧米が批難を始めた中国人と韓国人の中華思想。英国が国を挙げて追及する韓国の戦争犯罪とは	840円	754-2 C
日本人だけが知らない砂漠のグローバル大国UAE	加茂佳彦	なぜ世界のビジネスマン、投資家、技術者はUAEに向かうのか？ 答えはオイルマネー以外にあった！	840円	756-1 C
金正恩の核が北朝鮮を滅ぼす日	牧野愛博	格段に上がった脅威レベル、荒廃する社会。危険過ぎる隣人を裸にする、ソウル支局長の報告	860円	757-1 C
おどろきの金沢	秋元雄史	伝統対現代のバトル、金沢旦那衆の遊びっぷり。よそ者が10年住んでわかった、本当の魅力	860円	758-1 C
「ミヤネ屋」の秘密 大阪発の報道番組が全国人気になった理由	春川正明	なぜ、関西ローカルの報道番組が全国区人気になったのか。その躍進の秘訣を明らかにする	840円	759-1 C
一生モノの英語力を身につけるたったひとつの学習法	澤井康佑	「英語の達人」たちもこの道を通ってきた。読解から作文、会話まで。鉄板の学習法を紹介	840円	760-1 C

表示価格はすべて本体価格（税別）です。本体価格は変更することがあります

講談社+α新書

茨城 vs. 群馬 北関東死闘編　全国都道府県調査隊 編
都道府県魅力度調査で毎年、熾烈な最下位争いを繰りひろげてきた両者がついに激突する！　780円 761-1 C

ポピュリズムと欧州動乱 フランスはEU崩壊の引き金を引くのか　国末憲人
ポピュリズムの行方とは。反EUとロシアとの連携。ルペンの台頭が示すフランスと欧州の変質　860円 763-1 C

脂肪と疲労をためる ジェットコースター血糖の恐怖 人生が変わる一週間断糖プログラム　麻生れいみ
ねむけ、だるさ、肥満は「血糖値乱高下」が諸悪の根源！　寿命も延びる血糖値ゆるやか食事法　840円 764-1 B

超高齢社会だから急成長する日本経済 2030年にGDP700兆円のニッポン　鈴木将之
旅行、グルメ、住宅…新高齢者は1000兆円の金融資産を遣って逝く→高齢社会だから成長　840円 765-1 C

歯は治療してはいけない！ **あなたの人生を変える歯の新常識**　田北行宏
歯が健康なら生涯で3000万円以上得!?　認知症や糖尿病も改善する実践的予防法を伝授！　840円 766-1 B

50歳からは「筋トレ」してはいけない 何歳でも動けるからだをつくる「骨呼吸エクササイズ」　勇﨑賀雄
人のからだの基本は筋肉ではなく骨。日常的に骨を鍛え若々しいからだを保つエクササイズ　880円 767-1 B

定年前にはじめる生前整理 人生後半が変わる4ステップ　古堅純子
「老後でいい！」と思ったら大間違い！　今やると身も心もラクになる正しい生前整理の手順　800円 768-1 C

日本人が忘れた日本人の本質　山折哲雄 髙山文彦
「天皇退位問題」から「シン・ゴジラ」まで、宗教学者と作家が語る新しい「日本人原論」　860円 769-1 C

ふりがな付 **山中伸弥先生に、人生とiPS細胞について聞いてみた**　山中伸弥 聞き手・緑 慎也
テレビで紹介され大反響！　やさしい語り口で親子で読める、ノーベル賞受賞後初にして唯一の自伝　800円 770-1 B

結局、勝ち続けるアメリカ経済 一人負けする中国経済　武者陵司
2020年に日経平均4万円突破もある順風!!　トランプ政権の中国封じ込めで変わる世界経済　840円 771-1 C

仕事消滅 AIの時代を生き抜くために、いま私たちにできること　鈴木貴博
人工知能で人間の大半は失業する。肉体労働でなく頭脳労働の職場で。それはどんな未来か？　840円 772-1 C

表示価格はすべて本体価格（税別）です。本体価格は変更することがあります

講談社+α新書

病気を遠ざける！1日1回日光浴 日本人は知らないビタミンDの実力
斎藤糧三
紫外線はすごい！アレルギーも癌も逃げ出す！驚きの免疫調整作用が最新研究で解明された
800円 773-1 B

ふしぎな総合商社
小林敬幸
名前はみんな知っていても、実際に何をしている会社か誰も知らない総合商社のホントの姿
840円 774-1 C

日本の正しい未来 世界一豊かになる条件
村上尚己
デフレは人の価値まで下落させる。成長不要論が日本をダメにする。経済の基本認識が激変！
800円 775-1 C

上海の中国人、安倍総理はみんな嫌い だけど8割は日本文化中毒！
山下智博
中国で一番有名な日本人――動画再生10億回!!「ネットを通じて中国人は日本化されている」
860円 776-1 C

戸籍アパルトヘイト国家・中国の崩壊
川島博之
9億人の貧農と3隻の空母が殺す中国経済……歴史はまた繰り返し、2020年に国家分裂!!
860円 777-1 C

知っているようで知らない夏目漱石
出口汪
きっかけがなければ、なかなか手に取らない、生誕150年に贈る文豪入門の決定版！
900円 778-1 C

働く人の養生訓 あなたの体と心を軽やかにする習慣
若林理砂
だるい、疲れがとれない、うつっぽい。そんな現代人の悩みをスッキリ解決する健康バイブル
840円 779-1 B

認知症 専門医が教える最新事情
伊東大介
正しい選択のために、日本認知症学会学会賞受賞の臨床医が真の予防と治療法をアドバイス
840円 780-1 B

工作員・西郷隆盛 謀略の幕末維新史
倉山満
「大河ドラマ」では決して描かれない陰の貌。明治維新150年に明かされる新たな西郷像！
840円 781-1 C

「よく見える目」をあきらめない 遠視・近視・白内障の最新医療
荒井宏幸
劇的に進化している老眼、白内障治療。50代、60代でも8割がメガネいらずに！
860円 783-1 B

NYとワシントンのアメリカ人がクスリと笑う日本人の洋服と仕草
安積陽子
マティス国防長官と会談した安倍総理のスーツの足元はローファー…日本人の変な洋装を正す
860円 785-1 D

表示価格はすべて本体価格（税別）です。本体価格は変更することがあります

講談社+α新書

野球エリート 野球選手の人生は13歳で決まる　赤坂英一
根尾昂、石川昂弥、高松屋翔音……次々登場する新怪物候補の秘密は中学時代の育成にあった　840円 784-1 D

医者には絶対書けない幸せな死に方　たくきよしみつ
「看取り医」の選び方、「死に場所」の見つけ方。お金の問題……。後悔しないためのヒント　840円 786-1 B

もう初対面でも会話に困らない！ 口ベタのための「話し方」「聞き方」　佐野剛平
『ラジオ深夜便』の名インタビュアーが教える、自分も相手も「心地よい」会話のヒント　800円 787-1 A

表示価格はすべて本体価格（税別）です。本体価格は変更することがあります